Millennial Generation

大石芳裕［監修］
株式会社ドゥ・ハウス［編］
大石芳裕・藤原栄子・高橋康平・浜 悠子［著］

ミレニアル世代事業戦略

なぜ、これまでのマーケティングはうまくいかなかったのか？

東京 白桃書房 神田

まえがき——COVID-19による世界の変化とミレニアル世代の重要性

2020年、新型コロナウイルスが世界中で猛威を振るっている。米ジョンズ・ホプキンス大学のまとめによれば、7月7日午後4時現在、世界の感染者数は1162万6265人、死者数は53万8172人である。中国・武漢が発生地であるが、その後、韓国・イランから欧州全域に拡がり、次いで米国で感染が拡大し、現時点では米国が300万人近い感染者と13万人超の死者数で最も多くなっている。日本の感染者数は1万9797人、死者数は979人である。世界保健機関（WHO）は3月11日にパンデミック（世界的な大流行）と表明した（新型コロナウイルスの正式名称はCOVID-19）。COVID-19は1918〜1919年に世界に大きな被害をもたらした「スペイン・インフルエンザ（発生は米国カンザス州の米軍基地。第一次世界大戦中のため各国は情報統制を行い、中立国スペインの情報が主に流れたのでこのように呼ばれた。日本ではスペイン風邪と呼ぶ）」以来、最大の伝染病感染であり、かつ第二次世界大戦後、最大の世界経済危機をもたらしている。

第二次世界大戦後、世界は石油危機や湾岸戦争、タイ・バーツ急落に始まる金融危機、米国同時多発テロ、リーマンショックに始まる金融危機、東日本大震災など、さまざまな危機を経験してきた。これらの危機は主として供給危機か需要危機のどちらか一方であったし、多くは局地的で世界全体を震撼させることもなかった。中国起源の重症急性呼吸器症候群（SARS）や中東起源の中東呼吸器症候群（MERS）も新型コロナウイルスによる感染であったが、やはり局地的な影響しか及ぼさなかった。しかしながら、COVID‒19による今回の危機は「供給危機と需要危機の複合化」および「世界全体の危機」という点で他の危機とは決定的に異なっている。とりわけ、世界的な「人的移動制限」が供給側にも需要側にも甚大な影響を及ぼし、その影響は長期化しそうな様相を呈している。

人的移動制限は、供給側においては工場の稼働をストップし事務的な活動を制限した。公共交通機関を利用した国内外の出張も激減した。やれるところは在宅勤務等のテレワークに取り組んでいるが限界がある。一方、需要側においては運輸や観光、飲食、娯楽サービスなどが壊滅的打撃を受けている。労働者は解雇されたり無給の自宅待機を迫られたり、所得を減らされたりしているので需要量そのものが縮減している。

このような危機の中で俄然注目を浴びているのがデジタル化である。1990年代半ば以降、デジタル化は進展していたが、COVID-19が猛威を振るう中で否応なく進展せざるを得なくなっている。

第1に、eコマース（EC）の進展である。COVID-19は「巣ごもり消費」を生みだした。巣ごもり消費（家庭内に閉じこもって生活すること）はECを活性化する。中国では、3月5～8日、天猫が実施した国際女性デーのイベント「クイーンフェスティバル」の売上高が前年比137%増となった。米国でもAdobeが3月31日発表した数字でECは前年比25%増となっている（大塚孝二「猛威をふるう新型コロナ　世界のECマーケットへの影響は?」2020年4月13日、Live Commerceブログ）。日本でも、たとえばアパレル系ECでは3月2～4週の売上高が前年比約30%増となっている（ECのミカタ編集部「新型コロナのECへの影響は?」2020年4月23日）。このような傾向は東南アジアでも同様であるが、欧州だけは人出不足と配達遅延、それに需要そのものの減でECも苦戦している。ECの中には、調理済み食品の注文・配達も含まれる。

第2に、テレワークの進展である。テレワークはデジタル通信を利用した情報のやりとりを行う。人の移動制限から、サテライトオフィスなどを活用したものより在宅勤務が増えている。それに伴い家庭内で使用するパソコンやタブレットの需要も急拡大している。

教育・医療分野でもオンライン授業やオンライン診療が増加し、人々のITリテラシー問題が発生している。企業においてもセキュリティの確保やオンライン・ミーティングのシステム整備、勤怠管理、生産性維持に頭を悩ませているところである。パーソル総合研究所が2020年4月10～12日にインターネット調査したところでは（有効回答数2万5769人）、テレワーク率は全国平均で27％、東京都は49％であった（『日本経済新聞』2020年4月23日朝刊）。またLINEの調査では「従業員が少ない企業ほどテレワーク実施率が低い」ことも分かっている（『日本経済新聞』2020年4月25日）。さらにテレワークができるかどうかは国や業種によっても異なるし、正社員か非正規社員かによっても異なる。

第3に、電子決済の進展である。これまで中国の大都市部のように電子決済が進展し財布を持たない人がほとんどの地域もあることはあったが、現金信仰の根強い日本などはキャッシュレス化があまり進展してこなかった。それがCOVID‐19によって、日本を含み世界中で電子決済が進展している。理由の1つは言うまでもなくECの進展で、決済手段としてクレジットカードや電子マネー、キャリア決済、モバイル決済などが拡大している。また、リアル店舗に買い物に行っても、現金の受け渡しによる感染を防ぐため、Q

R決済を含む電子決済が選択される傾向にある。国際決済銀行（ＢＩＳ）の研究者たちも、ＣＯＶＩＤ－19によって電子決済が進むと見ており、その際、電子決済へのアクセスを持つ者と持たない者との間に「支払いの格差」が生じる可能性があると警告している(BIS Bulletin No.3, Covid-19, cash, and the future of payments, 2020/4/3)。

デジタル化は、このほかアプリによるセキュリティ確保やｅスポーツ、オンラインゲーム、オンライン動画視聴、オンラインチャット、オンライン飲み会などにおいても進展する。このような生活やビジネスのデジタル化に一番対応可能なのはデジタル・ネイティブのミレニアル世代である。ミレニアル世代の次の世代であるジェネレーションＺはより一層対応可能であるが、彼等の多くはまだ学童期であり、消費やビジネスの主役ではない。総人口に占める割合も多く、消費の中心で、かつデジタルに通じているミレニアル世代が、ＣＯＶＩＤ－19の影響を受けてさらに勢いを増していくことが十分に考えられる。

本書に収められた事例や定量調査は、ＣＯＶＩＤ－19が発生する前に集められたものであり、原稿執筆も基本的に２０１９年中には終わっていた。しかし、ＣＯＶＩＤ－19は企業経営のあり方も消費のあり方も大きく変容させているので、この本が出版される頃あるいはその後に読まれる読者は注意が必要である。どのような研究も歴史の一断面を切って見せているに過ぎず、時代と状況が変われば現実妥当性は変化する。ただ、われわれがここで展開しているミレニアル世代の重要性は、当分の間続くものと信じている。

（大石 芳裕）

はじめに

日本においては「失われた30年」から脱却するために「イノベーション」が求められている。イノベーションこそが産業を興し、企業収益を上げ、雇用を産み、税金を支払い、地域を活性化する。「イノベーションなくして日本の再興はない」というのはだれもが認めるところであろう。

ヨーゼフ・シュンペーターは『経済発展の理論』の中で「新結合（neue kombination＝new combination）として①新しい財貨の開発、②新しい生産方法の導入、③新しい販路の開拓、④新しい供給源の獲得、⑤新しい組織の形成を挙げている。後にこれがイノベーションと呼ばれるのだが、日本では誤って「技術革新」と訳されてしまった。「技術革新」はシュンペーターの言う①と②だけを指す。これは「技術イノベーション」である。「技術イノベーション」では③のマーケティング・イノベーションや④のソーシング・イノベーション、⑤の組織イノベーションが抜け落ちてしまう。

とはいえ、イノベーションの中でも技術イノベーションが重要であることは、これまた言うまでもない。自動車の開発や飛行機の発達、テレビやコンピュータ、半導体、炭素繊維などの技術イノベーションがわれわれの生活を大きく変化させた。日本が近年、技術イノベーションの分野で凋落していることは由々しき問題である。最近の新聞報道でも、先端10分野の特許出願において、２００５年では日本が4分野で首位であったが、２０１７年では日本は2位が2つであとは3、4位以下となっている。9分野は中国が首位である。２０１７年における特許の質（各分野上位10社、計１００社）でも日本は18社に過ぎず、米国の64社に大きく水を空けられている。技術イノベーションの復興は喫緊の課題である。

しかしながら、技術イノベーションだけがイノベーションではない。スティーブ・ジョブズはiPod、iPhone、iPadと立て続けに革新的製品を生みだしアップル社を立て直したが、これらの製品が必ずしも技術的に革新的であったわけではない。むしろ、市場のニーズを先取りした製品という意味ではマーケティング・イノベーションであった。そのことは米国のＧＡＦＡＭ（グーグル、アップル、フェイスブック、アマゾン、マイクロソフト）や中国のＢＡＴＨ（バイドゥ、アリババ、テンセント、ファーウェイ）、ＴＭＤ（ティックトック、メイトゥアン、ディディ）にも当てはまる。市場のニーズと変化を読み、半歩先の製品やサービスを提供したものが勝者となっているのである。

現在、市場の規模においても影響力においても最大のミレニアル世代のニーズとその変化を読み、彼等が求めるものの半歩先の製品・サービスを提示することが極めて重要である。技術イノベーションはそれを実現するための手段に過ぎない。本書は、そのようなミレニアル世代を対象にしたマーケティング・イノベーションを起こすためのヒントを提示したい。とりわけマーケティング・イノベーションの先駆者である米国の動向を見ておくことは日本企業にとっても大いに役立つだろう。さまざまな企業の事例や定量調査を参考にして、新しい販路を開拓してもらいたい。機会は平等にある。それを掴むのも掴まないのも経営者次第である。

（大石　芳裕）

目次

第4章　米国企業のミレニアル世代への取り組み　113

序章

なぜ今ミレニアル世代が注目されるのか?

1 先進国の低成長と新興国の躍進

国際通貨基金（ＩＭＦ）によれば、２０１７年における世界のＧＤＰ成長率（推定）は３・８％である。先進国は２・４％だった。前年は１・７％で、先進国は今世紀に入りほとんど２％前後しか成長していない。今後もこれ以上の伸びは期待できない。一方、新興国・途上国のＧＤＰ成長率は４・７％（前年は４・４％）である。ラテン・アメリカやアフリカなど、さまざまな問題を抱えているために成長率はマイナスであったり１％台であったりする国・地域もあるが、中国は６・９％、インドは６・７％、ＡＳＥＡＮ５ヶ国（マレーシア、タイ、インドネシア、フィリピン、ベトナム）も５・３％と高い成長率を示している。アジア新興国の人口はこの７ヶ国だけでも32億人強と世界人口の44％を占めており、潜在購買力はきわめて大きいものがある（表序－１－１参照）。

企業は製品やサービスを消費者に販売して再生産を維持している。直接消費者に販売する消費財企業のみならず、企業を顧客とする産業財企業においても、その顧客やそのまた顧客が消費者に販売することによって再生産を維持している。先進国市場が伸び悩み、新

年	2017（確定）	2018（確定）	2019（予想）	2020（予想）
全世界	3.8	3.7	3.5	3.6
先進国	2.4	2.3	2.0	1.7
米国	2.2	2.9	2.5	1.8
EURO 地域	2.4	1.8	1.6	1.7
日本	1.9	0.9	1.1	0.5
新興国	4.7	4.6	4.5	4.9
中国	6.9	6.6	6.2	6.2
インド	6.7	7.3	7.5	7.7
ASEAN5	5.3	5.2	5.1	5.2
中南米	1.3	1.1	2.0	2.5
中東・北アフリカ	2.2	2.4	2.4	3.0
サブサハラ	2.9	2.9	3.5	3.6

出所：IMF, World Economic Outlook Update, 2019/1, p. 8.

表序 -1-1　世界の GDP 年成長率（%）

興国市場が成長している現在、企業による市場開拓としては未だ世界のGDPの7割近くを占める先進国市場を深掘りするか、成長著しいアジアを中心とした新興国を攻めるか、あるいは先進国・新興国双方を攻めるか、の3つの方法しかない。いずれにしても、グローバル・マーケティングの必要性はますます高まっている。

2 グローバル・マーケティングの進展

グローバル・マーケティングは、国内市場も世界市場の一部とみなす、グローバルな視野に立ったマーケティング、すなわち市場開拓戦略である。実際には、企業の歴史や所属する産業、母国の状況等によって、国内を主要な対象市場として副次的に海外市場を開拓しようとする企業から、世界百数十ヶ国でビジネスを展開し母国市場のウエイトはほんの数%という企業までさまざまな段階がある（図序－2－1参照）。当然、さまざまな段階における課題は大きく異なっているが、商社を通した間接輸出段階から自らが輸出業務を担う直接輸出（輸出マーケティング）段階、海外に生産拠点を設けて現地販売する海外マーケティング段階、複数国の生産拠点・販売拠点・開発拠点を連携させサプライチェーンの管理を行うグローバルSCM段階という「製品の供給方法」が変化することによって、「マーケティングの性格」も異なってくる。国内市場のみあるいは国内市場を主要市場として付随的に海外市場開拓を行う国内マーケティング段階から、国内のマーケティング方法を海外へも延長する延長マーケティング段階、受入国市場内部でその市場特性に合

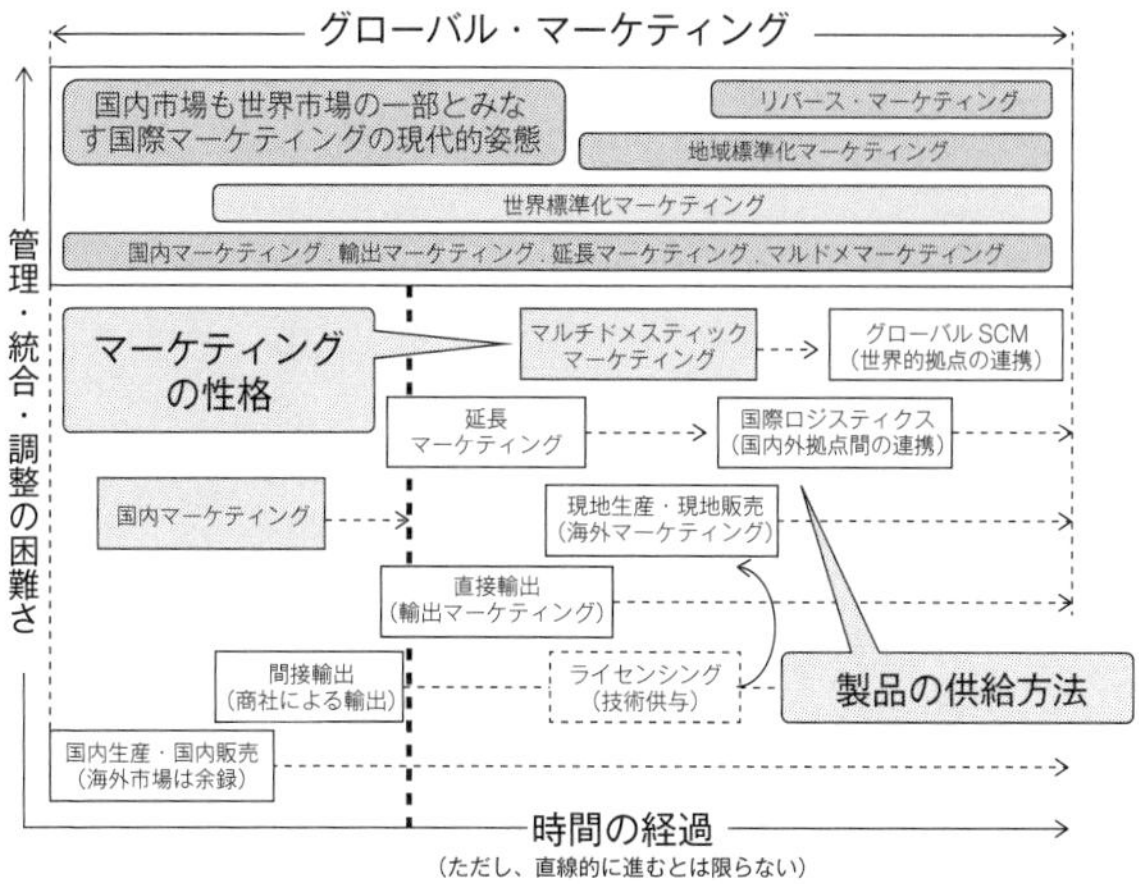

出所：大石芳裕（2017）「グローバル・マーケティングの最重要課題」大石芳裕編著『グローバル・マーケティング零』白桃書房、2頁。

図序-2-1　グローバル・マーケティングの進化と特徴

わせたドメスティック・マーケティングを複数国で展開するマルチドメスティック・マーケティング段階、そして、それらを含みながら、世界標準化マーケティングや地域標準化マーケティング、リバース・マーケティング（新興国で開発されたマーケティング方法を先進国にも適用する方法）など多様なマーケティング戦略を駆使するグローバル・マーケティング段階へと進化するのである。

3 グローバル・マーケティングの主要課題

グローバル・マーケティングの主要課題には、世界に通用する経営理念の確立や対象市場の設定、参入方式の決定、現地市場ニーズや競争状況などを含む環境分析、国・地域間の違いへの対応など、さまざまな問題がある。相当な覚悟と周到な準備をして臨まなければ、国内以上にリスクが大きいので大やけどをすることもある。為替相場の変動、地域統合の変容、国内政策・規制の急変、戦争やテロ、パンデミックなど経済的・政治的・社会的リスクに対するリスク・マネジメントは近年ますます重要になっている。

そのような中でもグローバル・マーケティングの「古くて新しい問題」が「標準化／適合化問題」である。標準化とは文字どおり、マーケティングの画一化を意味するが、適応範囲によって世界標準化もあれば地域標準化もある。適合化とはこれまた文字どおり、現地市場に適合するマーケティングであるが、これにもさまざまなレベルがある。すなわち、もともとのマーケティングを少し修正するものから、現地に合わせて開発するまったく独自なマーケティングまで、さまざまな程度がある。地域標準化マーケティングも、見方を変えれば、地域適合化マーケティングである。標準化マーケティングにも適合化マーケティングにも、それぞれメリットがあるが（表序－3－1参照）、そのいいとこ取りをする必要がある。

世界標準化のメリット	現地適合化のメリット
コスト節約	顧客満足の向上
世界的イメージの形成	特定市場での売上増
組織の簡素化／統制の改善	変化への迅速な対応
優れたアイディアの活用	全ての市場で対応可能
迅速な投資回収	現地法人の自社開発品への誇り
規格統一化	現地法人の自主性尊重
需要創造	現地法人人材の確保・育成

出所：大石芳裕（2017）『実践的グローバル・マーケティング』ミネルヴァ書房、156頁

表序－3－1　世界標準化と現地適合化のメリット

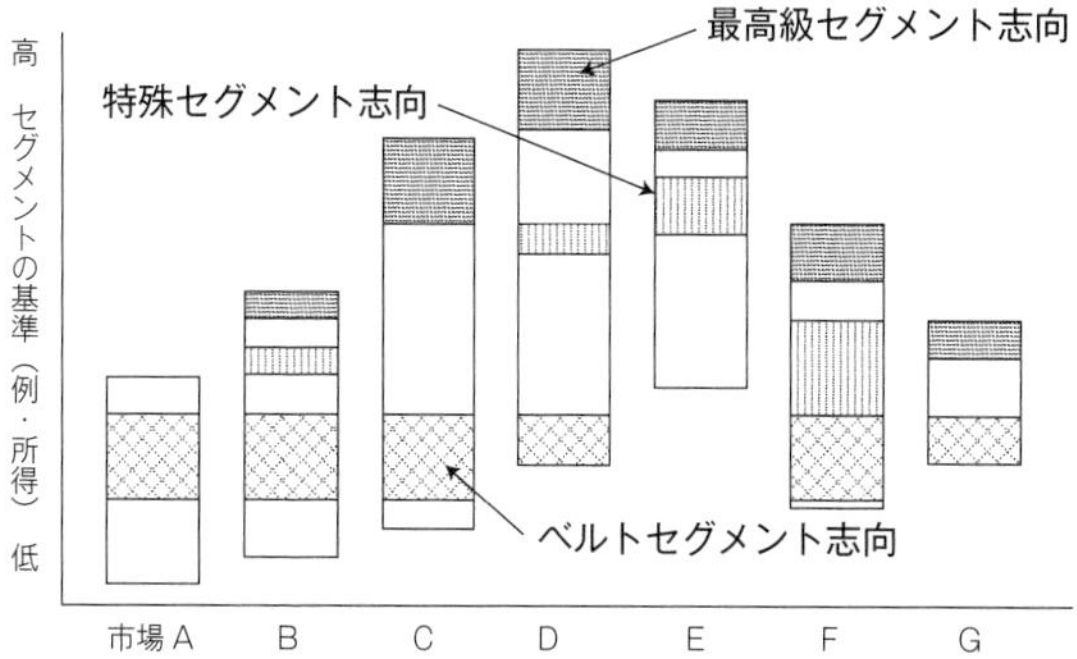

出所：筆者作成

図序－3－1　共通分母方策

標準化のメリットと適合化のメリットのいいとこ取りをするマーケティング戦略を、筆者は「複合化戦略」と呼んでいるが、複合化戦略の1つに「共通分母方策」というのがある（図序－3－1参照）。

たとえば、どの国においても富裕層はいるので、その富裕層だけを対象にした最高級セグメント志向（ラグジュアリーブランドなど）、すべての国でニーズがあるわけではない特殊な製品だがいくつかの国では根強い人気がある特殊セグメント志向（民族食品など）、同じ製品が国によってポジションが異なったり意味づけが異なったりするベルトセグメント志向（ワンドア冷蔵庫など）のように、1つの国だけでは市場規模が小さいので採算が取れないようなものでも世界的に共通分母を探しそれを連結することによって収益を上げる戦略である。ハラル食品やイスラム金融など世界に16億人以上いるイスラム教徒を対象にした製品・サービスなどはその最たるものであるが、逆にイスラム教徒が多数を占めるマレーシアやインドネシアでも豚骨ラーメン店を展開する一風堂（力の源ホールディングス）などは豚骨ラーメンを受け入れる共通分母となるセグメントを探しだし成功している。

もっとも、従来は先進国と新興国の所得格差が大きく、最高級セグメント志向でも先進国では数多く売れるものが新興国ではほんの一部の富裕層にのみ受け入れられるということが多かった。先進国ではボリュームゾーン（中所得者層）の製品でも、新興国ではようやく富裕層が入手できるような状態であった（パンツ式紙おむつなど）。先進国と新興国の間には所得のみならず、文化や習慣、ライフスタイルなどに格差があり、それを埋めることが困難であった。そのため、「新興国向け自動車」とか「新興国向け化粧品」の開発が重要とされた。先進国間でも当然現地適合化の必要性はあるのだが、先進国企業が新興国市場を開拓するときには現地適合化が必然のように思われてきたのである。

それが近年、「ミレニアル世代」と呼ばれる１９８０年から２０００年にかけて誕生した世代が市場の大きな割合を占めるだけでなく、かなり類似の特性を示すことが明らかとなり、共通分母方策の有効性がさらに高まってきている。

4 最大のマーケットとなったミレニアル世代

ミレニアル世代（Millennials, Millennial Generation）は、世代論が盛んな米国でほぼ「ジェネレーションY（Generation Y）」に匹敵する。その前期世代である「ジェネレーションX（Generation X）」やさらに前の世代である「ベビーブーマー（Baby Boomer）」と比較して、大きく異なる特徴を持つ。なぜ世代間に差が生まれるかと言えば、その生活環境が大きく異なるからである。ミレニアル世代はWindows95（１９９５年）、ｉモード（１９９９年）、Facebook（２００４年）、Twitter（２００６年）、iPhone（２００７年）、WhatsApp（２００９年）、iPad（２０１０年）、Instagram（２０１０年）などのデジタル革命の影響を強く受けた「生まれながらのデジタル人間（Digital Native）」である。パソコンからスマートフォンへネットワークにアクセスする端末が変化し、モバイル化が加速した。その上にFacebookやTwitter、WhatsApp、あるいはWeibo（新浪微博２００９年）、WeChat（微信２０１０年）、LINE（２０１２年）などのＳＮＳやチャットアプリが花開き、世界中の若者が共通なインフラを手に入れた。もちろん、中国のような規制が厳しい国もあるので「全ての国が」とは言えないものの、Facebookだけでも全世界の月間アクティブ利用者数は22億７０００万人であり（Facebook発表、２０１８年９月30日時点）、世界人口の約３分の１が利用している計算になる。インターネットやＳＮＳ、チャットアプリ、写真アプリ、動画アプリなどさまざまなものを通して、情報が瞬く間に世界中に広がっていく。しかも手から手へモバイルで伝わることにより、気軽にかつ瞬時に拡散していくのである。ミレニアル世代が「デジタル・ネイティブ」と呼ばれる所以である。

ミレニアル世代の次の世代である「ジェネレーションＺ（Generation Z）」は、文字ど

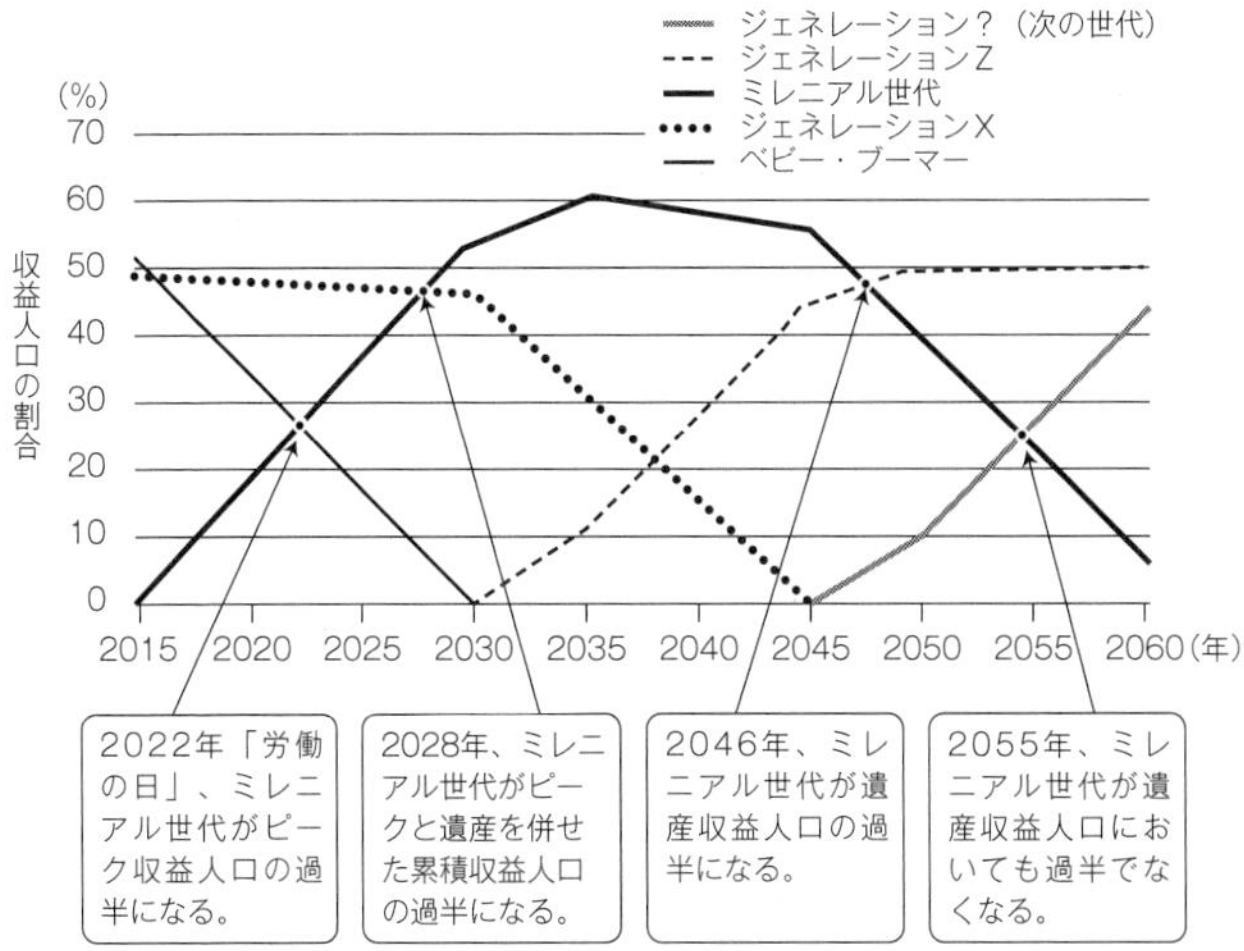

出所：U. S. Census Bureauの人口予測、2014年12月。

図序-4-1　一番利益を生むミレニアル世代

おり生まれた時からこのようなデジタルインフラに囲まれており、今後5GやIoT（Internet of Things）、AI（Artificial Intelligence）が進展することを考えると、さらにデジタル化が加速するものと思われる。ただ、2000年以降生まれのジェネレーションZ（2019年1月時点で0〜18歳）は、購買力の点でミレニアル世代に大きく劣る。ここしばらく、消費の動向を決定しかつ購買力の点で大きな対象となるのは、世界の労働力人口の35％前後を占めるミレニアル世代である（図序-4-1参照）。

5 ミレニアル世代の研究

世代研究は、日本でも「大正世代」（1912〜1926年生まれ）とか「昭和一桁世代」（1927〜1934年生まれ）とか呼ばれている第二次世界大戦前生まれの世代だけでなく、戦後の「団塊の世代」（1947〜1949年生まれ）や「バブル世代」（1965〜1969年生まれ）、「さとり世代」（1987〜2004年生まれ）などの世代が、それまでの世代と異なる特徴を持つとして研究されてきた。中国でも「80后（バーリンホウ）」（1980年代生まれ）や「90后（ジョウリンホウ）」（1990年生まれ）が、従来の伝統的中国人観と一線を画すものとして研究されてきた。米国はだいたい10〜20年区切りで世代論が展開されている。

英語論文で、このような世代研究がどのくらいなされてきたのかをまとめたものが表序-5-1である。この表からは「Generation X, Y, Z」はかなりの数研究されていることが分かる。前の世代であるGeneration Xの論文数は、2005年あたりから増加し、2017年には5000件を超えている（2018年はまだ1年分ない）。ミレニアル世

年	2000	2005	2010	2011	2012	2013	2014	2015	2016	2017	2018
Generation X	1,687	2,124	2,840	3,122	3,355	3,501	3,911	4,422	4,780	5,357	4,582
Generation Y	206	280	425	473	499	519	556	687	766	831	709
Generation Z	284	337	417	430	498	530	565	647	714	799	739
Millennial Generation	4	6	16	16	21	21	24	50	62	77	78
Millennials	1	2	25	16	23	28	30	81	136	208	189

出所：Web of Science を使った検索（2018 年 11 月 9 日実施）より筆者作成

表序 -5-1　英語の論文数

代にほぼ等しいGeneration Yだけ見ても、２０１０年くらいから急激に増えて、２０１７年には８３１件となっている。これに対して、Millennial Generationの論文数は２０１５年から伸びているものの、２０１７年でも77件に過ぎず、Millennialsでも２０８件、合わせても３００件に満たない。まだまだ、これから研究されるべきテーマであることが分かる。

ちなみに、２０１８年11月９日に「CiNii Articles」を用いて「ミレニアル世代」を検索すると53件だけ、「ミレニアル」でも85件しかヒットしなかった。

では、ミレニアル世代に関する調査研究が極めて少ないかと言えば、そのようなことはない。論文として「CiNii Articles」で調べられな研究調査分野は、彼らの消費行動のみならず労働（働き方）、金融、旅行、コミュニケーションなど多岐に亘っている。

【消費行動】
Black, A（2010）
Eastman J.K.and Thomas S.P.（2013）
Guráu, C.（2012）
Ordun, G.（2015）
Septiari, E.D. and Kusuma G.H.（2016）
新井場茉莉子（2016）
小山田裕哉（2016）
博報堂買物研究所（2016）
平山洋介（2017）

【金融】
岡田功太／幸田佑（2016）
田中克典（2015）
みずほ証券（2018）

【旅行】
Garikapati,V.M.et al.（2016）
大橋昭一（2013）
JTB（2014）
松本龍人（2016）

【労働】
Bald, J.B.and Mora, f.（2011）
Farrel, L.and Hurt, A.C.（2014）
Ismail, M.and Lu, H.S.（2014）
Levenson, A.R.（2010）
Myers,K.K.and Sadaghiani, K.（2010）
経済同友会（2016）
デロイト（2017）
デロイト（2018）
PWC（2015）
ブレスマン, H.（2015）
Manpower Group（2016）

【コミュニケーション】
Berthon, P.R.（2012）
Moore, M.（2012）
ニールセン（2017）

出所：大石芳裕「ミレニアル世代の影響」、浅川和宏・伊田昌弘・臼井哲也・内田康郎監修／多国籍企業学会著『未来の多国籍企業―市場の変化から戦略の革新、そして理論の進化―』文眞堂（2020年）、30頁。

表序 -5-2　ミレニアル世代についての各種調査（2010 年以降の論文例）

いものも含めて、ミレニアル世代を対象にした調査研究は数多くある。表序－5－2は、インターネット等で比較的容易に入手できる調査研究の一部を掲載したものだが、ミレニアル世代の消費行動から労働（働き方）、金融、旅行、コミュニケーションとさまざまな問題に関心が寄せられていることが分かる。

6 ミレニアル世代の特徴

ミレニアル世代はデジタル・ネイティブである。デジタル・ネイティブは、まず商品を買う前にインターネットを駆使してクチコミ調査を行い、自分と価値観やライフスタイルが合った消費者の意見・評価を参考にする。購入し使用した後には、自分の感想を積極的にインターネットに発信する。伝統的な消費者購買行動モデルであるAIDMAモデル(Attention, Interest, Desire, Memory, Action)に代わって、AISASモデル(Attention, Interest, Search, Action, Share)やSHIPSモデル(Sympathize, Identify, Participate, Share & Spread)が強調されるのはそのためである。購買(Action)も、かつてのようにリアル店舗で行うのではなく、また机の前に座ってパソコンを使って行うのでもなく、スマートフォンなどのモバイル端末を使って、欲しいと思った時に即座に購買する。情報発信も、メールや自分のウェブサイトで行うよりも、スマートフォンで手軽に利用できるSNS(Social Networking Services)やチャットアプリ、写真サイト、動画サイトで行うようになっている。かつての消費者はテレビの広告を見てある製品やサービスに関心を持ち、購買意欲を持ち、そのブランド名を覚えたうえで、しばらく経ってからリアル店舗で購買するという行動をとることが多かった。デジタル・ネイティブのミレニアル世代は、スマートフォンを使って製品やサービスを知ると、購買意欲が湧いた瞬間に購買ボタンを押し、決済も行うことができる。音楽やゲーム、映画などはそのままスマートフォンにダウンロードするなりストリーミングで楽しむことができる。一般の製品は、後日自宅に配送され、それをスマートフォンで写真を撮ったり、使用中の様子を動画で撮影したり、そして使用後には自分の感想をスマートフォンで発信したりするのである。

ミレニアル世代はモノの所有にこだわらない。テレビはリビングに置いて幸福感を満たすためにあるのではなく、電波を通して流れてくるコンテンツを楽しむためにある。車は駐車場で眺めるためにあるのではなく、移動手段として、あるいは運転を楽しむためにある。ならば、所有ではなく利用を重視しよう、というのがミレニアル世代である。自動車のみならず、自転車も、バッグも、装飾品も、洋服も、すべて必要なときに必要なだけ利用すればいい。むしろ、その方がいろいろなモノを整備された状態で利用することができる。自動車など所有時間の95%は駐車場に停められているのならば、それを必要な人に貸しだしてお金を稼いだ方がいい。あるいは、Uber（ウーバー）やLyft（リフト）のようなシステムに加わって、運転手としてお金を稼いだ方がいい、と考える。空いた部屋でさえ、Airbnb（エアビーアンドビー）のような民泊サービスに貸しだそう、と考える。利用者も、高価で立派なホテルではなく、普通の人が住むような住居を借りて、節約しながら現地体験をする方を好む。イーベイやメルカリ、ヤフーオークションなどを利用して、余ったモノ、使わなくなったモノを販売することもできる。ミレニアル世代によってシェアリングエコノミーが加速した。

ミレニアル世代は賢い消費者になった。高価なモノや豪華なモノ、有名なモノではなく、本当に自分が気に入ったモノを選好するようになった。かつてはだれもが憧れたラグジュアリーブランドよりも、合理的で自分に合った個性的なブランドを好むようになった。自分が気に入ったモノやサービスにはお金を惜しまないが、「高ければいい」とか「見栄のために買う」ということが少なくなった。価格も重要だが、自分に合うかどうかがもっと重要になったのである。したがって、購買判断に影響を受けるのは、有名なセレブリティではなく自分の価値観やライフスタイルに合った人に変化したのである。

ミレニアル世代は地球環境問題や健康により関心を寄せるようになった。地球温暖化は異常気象を引き起こし、北極・南極の氷や氷河を溶かして海水面を上昇させ、凍土を解凍して樹木を倒すとともに地球温暖化を加速させるメタンガスを発生させ、貴重な穀物地を砂漠化することによって貧困を加速化している。地球環境保全を進めなければ人類に未来はないと真剣に考えている。現在、世界中で進められている脱プラ（石油を原料とするプラスチック製品の不使用）も、溶解されないプラスチックの廃棄によって動植物に悪影響を及ぼすことが懸念されるからである。プラスチックストローが鼻に刺さった亀の一枚の写真が、全世界でのプラスチックストローの廃止運動につながった。個人の健康問題への関心の高まりもこの延長線上にある。ダイエットや血圧降下などは以前から関心があり実践されてきたことであるが、ミレニアル世代はそれらに加えて残留農薬への懸念や遺伝子組換作物（GMO）への忌避、保存剤・着色剤使用食品の回避など、健康に関する問題に極めて敏感になっている。世界中で有機食品、地産地消のローカル製品や代替肉が人気になっているのも、ミレニアル世代の台頭と無関係ではない。

ミレニアル世代は多様性（ダイバーシティ）に寛容である。SNS等で世界中とつながっているために、彼らは国境を意識することが少ない。どの国・地域のものであっても、いいモノはいい、好きなモノは好き、という態度である。海外への旅行経験も前の世代に比べてはるかに豊富になっているため、異なる文化や慣習を持つ人々との接触機会も増え、彼らの考え方や行動をある程度受容できるようになっている。学校や職場にも、以前と比べはるかに多くの外国人がいて、「なんだ、根本のところでは皆同じではないか」と感じることができている。女性の社会進出への理解も、ハンディキャップを持った人々との共生も、あるいは貧しい国々の人々への共感も、以前に比べて大きく高まっている。国連が2015年に定めたSDGs（Sustainable Development Goals）を本気で達成していくのはミレニアル世代であろう。現代は「自国第一主義」、「排外主義」が吹き荒れており、政治的緊張が極めて高くなっているが、それは放っておけば戦争を引き起こし、貴い命が失われていくことになる。改めて多様性への寛容度が問われている。

7 本書の特徴

本書は、ミレニアル世代の特徴を明らかにするだけでなく、いくつかの日米企業を取り上げミレニアル世代への取り組みを紹介している。多くの調査研究がミレニアル世代の特徴を描くことに注力しているのに対し、われわれは独自の定量調査によってミレニアル世代の特徴を改めて把握するとともに、ミレニアル世代を対象とした企業の具体的実践を定性的に描くことにした。われわれは世代研究を主な目的としているのではなく、企業のグローバル・マーケティングの実践への寄与を主な目的としている。

巻末にも紹介されているGM－lab（グローバルミレニアル・ラボ＝ミレニアル世代研究会）も、同様の目的を持って設立されている。多くの企業が、ミレニアル世代をより深く研究することによって競争力を向上されることを切に願うものである。

（大石 芳裕）

第1章
米国ミレニアル世代のセグメンテーション

ミレニアル世代といっても、誕生年が大まかに20年も幅があればオールドミレニアル世代（1980〜1989年生まれ）とヤングミレニアル世代（1990〜2000年生まれ）では特徴が大きく異なって当然だろう。米国におけるオールドミレニアル世代は幼少期を豊かな時代に過ごし、青春期は一転して同時多発テロやリーマンショック、景気後退による失業やホームレスを経験する。彼等は将来の夢を喪失させられた「ロストジェネレーション」とも呼ばれるが、ストイックな節約志向と堅実な貯蓄にいそしむ現実派である。この世代は職を得るために高学歴を手に入れ、貯蓄が一定程度になると家も車も買う。中にはHENRYと呼ばれる「まだリッチではない富裕層予備軍」もいる。一方、ヤングミレニアル世代は学童期からパソコンやインターネットに触れ、青春時代は携帯電話やスマートフォンに慣れ親しんだ、まさにデジタル・ネイティブ世代である。彼等はオールドミレニアル世代よりも堅実で、環境問題や社会問題に対する意識が高く、真面目に働こうという者が多い。SNSやチャットアプリを駆使して友人らとネット・コミュニケーションを盛んに行う。このようなオールドミレニアル世代とヤングミレニアル世代の前後には、プレ・ミレニアル世代（1970年代後半から1980年代初期に生まれた世代）やポスト・ミレニアル世代（1997年から2012年頃までに生まれた世代）がいる。前者は家庭と健康を一番重視し、後者は文化的多様性を最大の特徴とする。これらの世代、とりわけミレニアル・ママを対象にしたビジネスが勃興しているので、それらの動きにも注目すべきである。

SUMMARY & KEYWORDS

【キーワード】オールドミレニアル世代、ヤングミレニアル世代、HENRY、プレ・ミレニアル世代、ポスト・ミレニアル世代、ミレニアル・ママ

1 オールドミレニアル世代とヤングミレニアル世代

2019年時点のミレニアル世代(＊)の年齢は、最も若い人が満20歳、最も年上の人が39歳に達しており、20代のミレニアル世代の大半はまだ独身で、30代の半分は結婚していたり、子供がいたりするファミリー世帯に属している。

そして、現時点でライフステージが明らかに違うこの2つのグループは、それぞれがオールドミレニアル世代(1980年から1989年生まれ)、ヤングミレニアル世代(1990年から2000年生まれ)と呼ばれている。

(＊)ミレニアル世代の年齢層については、いくつかの説がある。たとえば、同世代に関する調査で著名なピュー・リサーチ・センターは、彼らが考えるミレニアル世代は「1981年から1996年に生まれた人たち」として定義することを、2018年後半に表明した。新聞社のニューヨークタイムズは、ある記事では「1976年から1990年」、別の記事では「1980年から1998年」に生まれた人をミレニアル世代とする異なる2つの定義を記している。

また、国にかかわる汎用的な情報を収集する国税調査局の場合は、2015年6月時点においては、

「ミレニアル世代とは1982年から2000年に生まれた人たちであり、その人口数は8310万人」と自局のウェブサイトで紹介していたが、その2年後、2017年4月に行った同局の調査結果を分析した結果、「ミレニアル世代は1982年から1998年に生まれた人たちである」と定義を改めた。

このほかにも、1981年から1988年に生まれた人たちをオールドミレニアル世代、1989年から1996年に生まれた人たちをヤングミレニアル世代、とグループ分けした記事や文献などもいくつかでてきてはいるが、本書では、投資会社のゴールドマンサックスや、イギリスのシンクタンクのレゾリューション財団、雑誌のタイムズが示すミレニアル世代の定義「1980年から2000年に生まれた人たち」と同じ年齢層を基本としている。そして、この年代のうち、前半に生まれた世代をオールドミレニアル世代、後半に生まれた世代をヤングミレニアル世代として扱う。

オールドミレニアル世代が生まれた時代の社会的背景

1980年から1989年の間に生まれた彼らは、インターネットが日常生活の中に普及する以前に生まれた世代で、幼少から青年に成長するまでの期間に、インターネットのない生活とある生活、の両方を体験している。

そのため、彼らは、放課後や週末に友人宅まで歩いて行ってドアをノックしたり、友人と公園で遊んだり、自転車に乗ってでかけたり、と、フィジカルな行動が伴うアナログな子供時代を経験した最後の世代と言われ、彼らの前の世代であるジェネレーションXや、彼らの次の世代であるポスト・ミレニアル世代（別名ジェネレーションZ）とは、全く異なる価値観や人生観を持つ特異な世代として注目される。

そして、貯蓄や投資、消費など、お金にかかわる彼らの考え方が、他の世代と比べて特徴的である理由については、彼らが好景気と不景気の両方を体験した世代であるからだと考えられている。

米国経済において過去最長の景気拡大を記録したとされる1991年から2001年の期間、彼らの両親のお財布は額の差こそあれ、それなりに潤っていたわけで、その子供に当たるオールドミレニアル世代は好景気の恩恵を間接的に受けた少年期と、前期青年期を過ごした世代であったと言える。

しかし、その直後、2000年のITバブルの崩壊、翌2001年には同時多発テロが起きて景気は悪化、2008年のリーマンショックで景気後退に入り、職を失う自身の両親や親族、住宅ローンが払えずに家を追いだされる友人を目の当たりにした経験が、彼らの心に深い傷を負わせた。

また、身近な家族や知人に金銭面での影響を受けた人がいなかったとしても、およそ800万人が職を失い、全世帯の5分の1が、何らかの金銭問題を抱えることになった世界金融危機に遭遇した彼らは、経済的な苦境に突然陥るという不幸な出来事は決して他人事ではなく、自分自身にも起こりうる、という教訓を脳裏に刻んだはずである。

別名、Lost Generation【ロストジェネレーション：失われた世代】と呼ばれるオールドミレニアル世代

米国のミレニアル世代の人口は、およそ8800万人、年間消費総額は、2020年に年間1・4兆ドルを超えると試算され、近い将来、米国全体消費の7割を占めることになると言われている。そしてそれほどの圧倒的な経済力と消費力を持つ彼らは、多くの企業やマーケターから重要顧客ターゲットとして注目される存在だ。

しかし、一方では、家も車も買わない、ゴルフもしない、チップを払うのがもったいないと言い高級レストランにも行かない、という消極的な購買行動が顕著であることから、数多くの小売企業の存続を脅かす存在としても、逆の意味で業界から注視されている。

特に、1980年代に生まれたオールドミレニアル世代は、大学を卒業して、これから就職、というタイミングで景気後退に突入、大不況の中で、就職難、賃金の伸び悩み、生活費の上昇、さらには、高額な学生ローンの返済を抱える、などの経済的な苦境を20代の

青年期に経験した世代であるため、豊かに暮らす希望や将来の夢を喪失させられた「ロストジェネレーション・失われた世代」「支出の節約と貯蓄に積極的な世代」とも呼ばれている。

負のスパイラルに巻き込まれたオールドミレニアル世代

ミズーリ州セントルイスのフェデラルリザーブ銀行が実施した2018年の調査によると、1980年代に生まれたオールドミレニアル世代が、2016年時点で蓄えていた財産は、もし、景気後退が起きていなければ持てたはずの財産よりも、34%も低い額であった。また、1970年以降、賃金レベルが67%も上昇するという恩恵をミレニアル世代は受けられたにもかかわらず、長期にわたってローンの返済に苦労した要因は、賃金の上昇率よりも、家賃、医療、娯楽、大学の授業料などの生活費の上昇率のほうが高かったからである、と学生ローンの返済を支援するスチューデント・ローン・ヒーロー社が、2018年5月の記事の中で明らかにした（表1-1-1および図1-1-1参照）。大学を卒業しても職に就くことができず、就職先が運よく見つかったとしても低賃金の非正規雇用としてしか働けない、と悟った彼らは、いったん就職をあきらめ、大学院に進学す

年	平均年収	平均年収の現在価値 （2018 年を基準とする）
1970	$3,177	$20,410
1980	$7,787	$24,306
1990	$14,387	$27,423
2000	$22,346	$32,147
2010	$26,558	$29,763
2016	$33,205	$34,035

出所：U.S. Census Bureau 調べ

表 1-1-1　1970 年から 2016 年の賃金

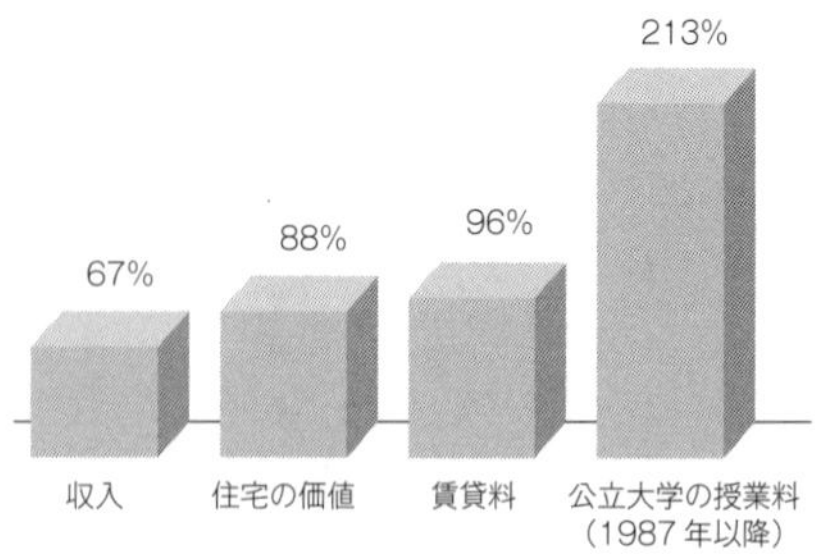

出所：スチューデント・ローン・ヒーロー社 2018 年 5 月記事
https://studentloanhero.com/featured/millennials-have-better-worse-than-generations-past/
（2020 年 3 月 31 日確認）

図 1-1-1　1970 年以降の生活費の上昇率（%）

るか、またはもう一度大学に戻り、専門的な技術や知識を身に着けた後で、賃金の高い専門職に就こうと考え、行動した。

しかし、この行動は、逆に、負のスパイラルを加速させてしまった。

どの世代よりも高学歴者が多いミレニアル世代

就職を先延ばしにした彼らは、学生ローンを追加で借り入れ、高学歴を手に入れた（図1-1-2参照）。だが、その結果、高学歴者が一気に増えてしまい、高所得の職を求めるミレニアル世代の就職競争が激化した。

そして、就職競争に敗れた大多数の高学歴ミレニアルは、結局、就職難と賃金が伸び悩む状況から逃れることができず、最初の大学卒業時よりも、さらに膨れ上がった学生ローンの返済に苦しむことになった。

学生ローン事情に詳しいInstitute for College Access

ミレニアル世代は前世代よりも高学歴

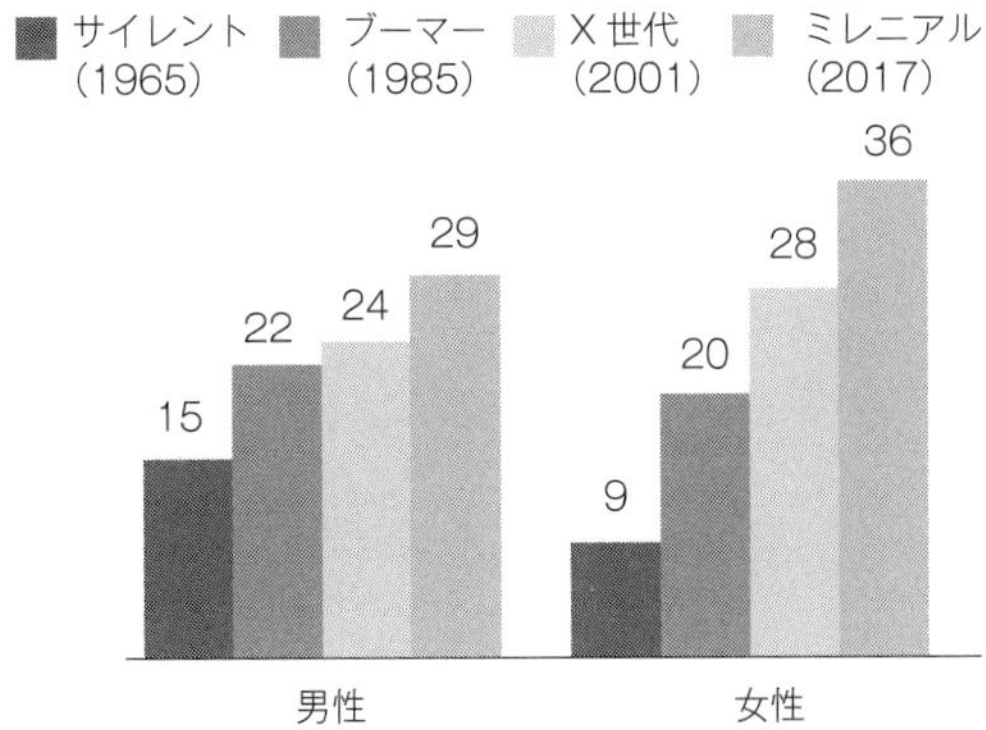

注：学歴の質問は1992年に変更され、ブーマーとサイレント世代の場合は、少なくとも4年制の大学を卒業した者（学位取得の資格）を示す。
出所：Pew Research Center のホームページ
https://www.pewresearch.org/ft_18-03-15_millennials-grandparents_education/
（2020年3月31日確認）

図1-1-2　21歳から36歳で、少なくとも1つ以上の学士号を取得している人の割合（%）（男女別）

and Successの発表によると、この世代の大学を卒業した10人中7人が平均3万ドル以上の学生ローンの借り入れを行っており、卒業後、5年から15年の期間に毎月300ドルから500ドル前後の返済を続けなければならず、やっとの思いでローンの完済に至ったのは、彼らが30代半ばから40代前半になった頃だった。

毎月の学生ローンの返済額が少ないか多いかは、ベースとなる収入の額にもよるが、彼らの7割は返済額に関係なく、「学生ローンがあるのに、車のローンや住宅ローンまで抱える気になれない。ましてや、結婚して子供を持つなんて、貯蓄さえままならない今の状況では考えられない」と訴えた。

ついにオールドミレニアル世代がローンフリーになるときがやってきた

総じて、ミレニアル世代は、お金の使い方にもメリハリのある世代と言われている。

Ally Financialの調べでは、ミレニアル世代の支出を全世帯の平均と比べた場合、全世代の食費の支出平均は月に600・25ドルだが、ミレニアル世代は325・44ドルとおよそ半分である。賃貸にかける支出も、全世代の平均支出が月1573ドルのところ、ミレニアル世代は426・73ドルと全体平均の3分の1以下となっており、ミレニアル世代が大幅に節約していることが分かる。

そのうえ、ヤングミレニアル世代は480ドルを、オールドミレニアル世代はヤングミレニアル世代のおよそ2倍に当たる1000ドルを、退職後のために毎月貯蓄しているというのだから、お金を使わない世代と言われるのも無理はない。

さらに2015年時点で、成人しても親や祖父母、他の親戚と同居しているミレニアル世代が全体のおよそ40％に達し、その割合の多さは過去最高と報道された。そのため全般的に消費に消極的なデータばかりを分析してきた銀行やマーケターが、「ミレニアル世代は、彼らの両親たちのように豊かな暮らしと富を築くことは一生不可能だろう」と予測したのは、当然と言えば当然のことだった。

しかしながら、その予測はどうも間違っていたのでは？　とする新たな見解が、ここ数年で増えてきている。

景気後退さえなければ、失業率さえ高くなければ、学生ローンがなければ…、高学歴で、努力家、節度のある消費行動が身についているミレニアル世代は、どの世代よりも堅実な経済観念を持った世代と言うことができる。そうであれば、彼らはどの世代よりもリッチな世代になれるのではないか、というわけだ。

２０１０年以降米国の失業率は下がり続け、２０１９年５月には過去最低の失業率３・６％を記録している。また、学生ローンの返済期間がおよそ10年から15年であるから、オールドミレニアル世代の半数以上が、２０１９年時点ですでに学生ローンを完済していることになり、今後５年以内には彼らのほとんどが支払いを終える。

30代で結婚、30代半ばで子供を授かり、30代後半にはマイホームを購入する

全米不動産業者協会が発行した「２０１９年の住宅購入と販売者の世代別傾向」レポートには、オールドミレニアル世代とヤングミレニアル世代の２つのグループを含む世代別のデータが収集、分析されている。

レポートによると、２０１８年の住宅購入者全体に占めるオールドミレニアル世代の割合は26％となっており、６年連続で買い手の最大シェアを占めている。また、住宅購入者であるオールドミレニアル世代のうち69％が夫婦で、13％が事実婚の夫婦、58％が１人または２人以上の子供がいるファミリー世帯であり、家を初めて購入した購入者の52％がオールドミレニアル世代であった。

２つめのグループに当たるヤングミレニアル世代の住宅購入者全体に占める割合は11％

で、購入者の平均年齢は26歳。購入者の54％が夫婦、20％が事実婚の夫婦、72％は子供のいない世帯であった。

２０１８年におけるオールドミレニアル世代の平均世帯年収は10万１２００ドル、ヤングミレニアル世代は7万１２００ドルと3万ドルの差があり、オールドミレニアル世代が購入した家の平均価格は27万４０００ドル、ヤングミレニアル世代が17万７０００ドルと10万ドル近く差があった。

10万ドルの価格差は、オールドミレニアル世代は職場からの利便性を重視したため、家の価格が高めであったこと、そしてヤングミレニアル世代が、職場よりも、友人や家族との距離を重視して家を選んだこと、さらに29％が農村部にある家を購入したこと、などが要因となっている。

家を購入する際に必要な頭金を自分たちの貯蓄で賄った、と答えたオールドミレニアル世代は、家を買わない世代だったのではなく、自分たちで家が買えるようになるまでに時間がかかった世代であったわけだ。そして、現在彼らは、住宅購入者の最大の顧客ターゲットとして、不動産市場からの注目を浴びる存在になっている。

ヤングミレニアル世代が生まれた時代の社会的背景

１９９０年から１９９９年の間に生まれた彼らの場合、最初に、または2つめに手にした携帯電話は、すでにスマートフォンの時代であり、インターネットにつながったデスクトップやノートパソコンが家の机に置かれるシーンもごく日常的で、学校からの連絡事項はeメールで届き、学校の宿題は学生専用のポータルサイト内に提示される、というデジタル・コミュニケーションの活用が当たり前となった学生時代を体験している。

加えて、社会人になった後も、基本的なＩＴ知識は有していて当然という環境下で働いてきた彼らは、仕事でもプライベートでも、24時間３６５日、常にインターネットとつながった中で暮らすこととなり、結果としてＩＴのない環境で生きることができない、そんな大人に成長していた。

次に、彼らの幼少期に当たる２０００年代は、世紀末と新世紀が連続した年代であり、世界的には政治面でも経済面でも多極化が進んだ激動の時代で、景気が低迷する米国では、中間層の所得が伸び悩み、所得格差の拡大が顕著となった時期であった。

そして、ヤングミレニアル世代が、ティーンエージャーや大学卒業の時期に差しかかる２０００年代後半には、米国経済は景気回復の局面に入ったが、失業率の改善には時間がかかり、中間所得層の成人数はさらに減少、2015年には、低所得層と高所得層の成人数の合計が中間所得層の成人数を上回る結果となった。

安定性の高い、中間層の暮らしが実現しづらい社会環境となった米国社会で、ヤングミレニアル世代が学んだこと、それは、上の世代や両親のように経済的な苦境に陥らないためには、堅実なお金の使い方を心がけて生活すること。また、給与の良し悪しではなく、着実な収入を得るためには、確固たる経営理念を持ち、社会的責任を負う、継続性の高い企業に就職し、残業も止むを得ない、という姿勢でまじめに働くことだったようだ。

2 ミレニアル世代の高所得者層 ミレニアル・リッチなHENRY【ヘンリー】

ラグジュアリーブランドや大手銀行、高級百貨店が、優良顧客として狙いを定めているのが【HENRY：ヘンリー】、またはミレニアル・リッチと呼ばれているミレニアル世代の高所得者たちだ。彼らが世に知られるようになったのは、2003年、米国のフォーチュン誌に掲載された記事がきっかけだった。

ヘンリーとは、『High-Earners-Not-Rich-Yet』（まだリッチではない富裕層予備軍）を示し、その数が最も多いのは１９９０年生まれを中心とする年齢層であり、同年齢層の中でも所得分布上位20～25％に入る人たちが象徴的存在とされている。

２０１７年10月発行のフォーブス誌に掲載された記事によると、26歳の平均年収は約３万２５００ドルだが、全体の20％は、５万５０００ドル以上の収入があり、さらに７万５０００ドル以上の収入がある人も10％いると報告している。

ちなみに日本の26歳の平均年収は３６０万円だが、20代全体で年収が６００万円を超えているのはたったの３・７％しかいない（ＤＯＤＡの転職エージェントサービスに登録している人の２０１７年データより）。26歳のヘンリーの人口は、日本は約５万人、米国は、日本のおよそ20倍の１００万人にもなるのである。

また、金融サービス会社の TD Ameritrade が２０１８年に実施した調査の結果によると、ミレニアル世代（１９８１年から１９９６年生まれ）の半分が「いつかは億万長者になれる」と信じ、５人に１人は、「40歳までに億万長者になれる」と思っているということである（図１‐２‐１参照）。

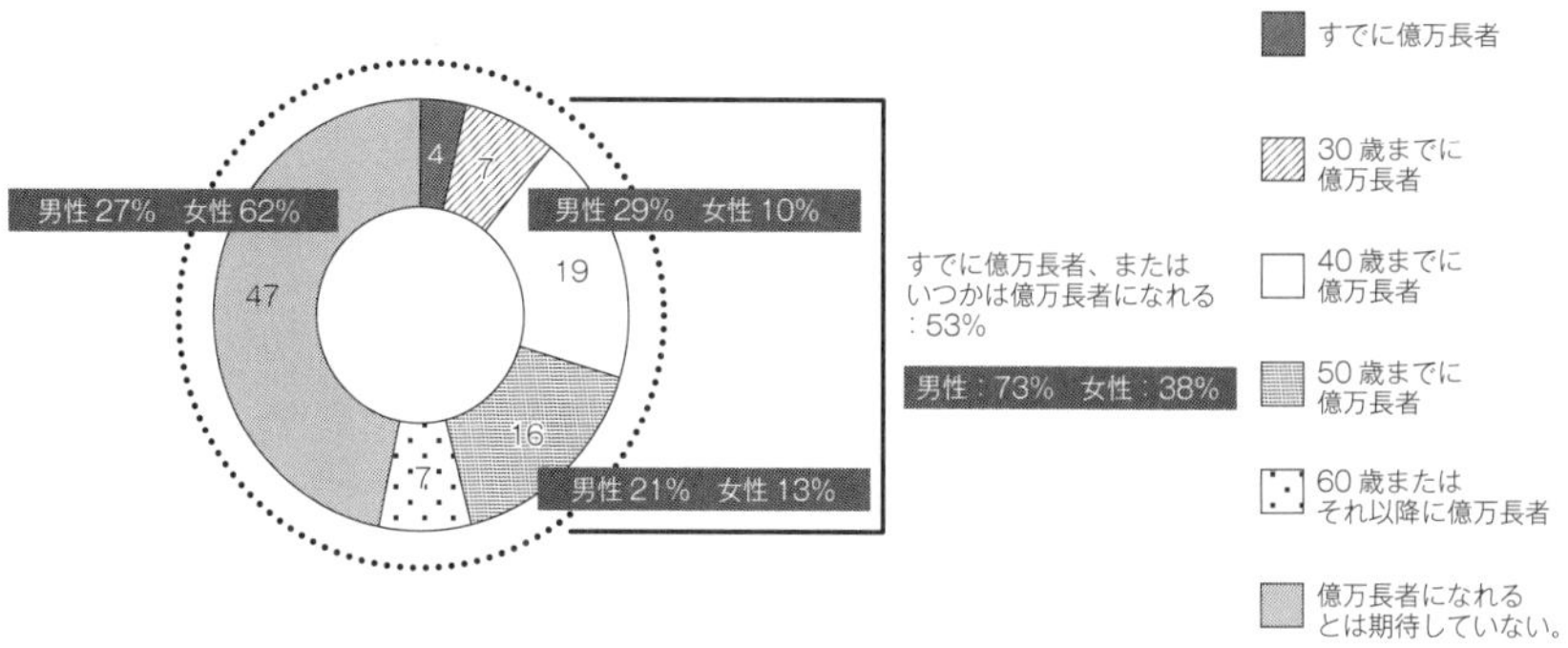

出所：TD Ameritrade 社調査報告書「2018 Millennials and Money Survey Attitudes toward money, retirement and life in general」(2020 年 4 月 5 日確認)

図 1-2-1　何歳までに億万長者になれると思うか（グラフ内数値は％）

究極の合理主義者であり、品質にこだわり、体験価値を重視する

ミレニアル世代のヘンリーは、デジタルツールを自由自在に操り、住む場所や働く場所に制約される暮らしはせず、好きな場所で好きな時間に働くという暮らし方を選ぶ者もいれば、将来、億単位の家を買うために、または新たなビジネスを始めるために、20代から30代のうちは財産を蓄えようと、実家で両親と暮らす者もいる。さらに彼らは、合理性と効率性の高いシェアリングサービスを好む傾向があり、高級車や高級ブランドにお金を使うよりも、旅行やエンターテイメントなどの体験にお金を使う。

旅行やエンターテイメントのような体験にお金を払う傾向は、ミレニアル世代全体の特徴でもあり、2018年、トラベル・コマース・プラットフォームを提供するトラベルポート社が実施した調査【The 2018 Travelport U.S. Vacation Survey】によると、56%のミレニアル世代が夏休みに旅行する計画を立て、33%のミレニアル世代が5000ドル以上を旅行費用として支払うつもりでいる、としている。

3 プレ・ミレニアル世代

プレ・ミレニアル世代とは、X世代（1961年から1979年生まれ）とミレニアル世代（1980年から2000年生まれ）の狭間、1970年代後期から1980年代初期に生まれた人たちのことで、別名「Xennials（ゼニアル）」と呼ばれる世代のことである。

この世代が注目され始めたのは、2017年、フランスの選挙で史上最年少のマクロン大統領が誕生した頃からと言われ、この世代の政治界での活躍が話題に上ることが多い。米国では、2020年の民主党大統領候補指名獲得争いへ出馬表明を行った、インディアナ州サウスベンド市のピート・ブティジェッジ前市長は1982年生まれで、プレ・ミレニアル世代である。

ラストネームの発音が難しいこともあって、「ピート市長」の愛称で市民に親しまれたブティジェッジ氏は、29歳の若さで市長になり、市長歴は7年、そして民主党大統領候補指名獲得争いに出馬表明した米国の政治家で唯一、同性愛者であることを明らかにしていることで注目された。

また、少数派のミレニアル世代として知られる彼らは、テクノロジーの進化のスタート地点から、最も激しく進化する時代に誕生し、成長して大人になった、という時代背景に多大な影響を受けてきた世代と言える。さらに、金融危機による景気後退の時期にはすでに働いていた彼らは、高学歴でありながら所得は伸びず、失業する者もいて、学生ローンの返済を抱えて経済的に最も苦しい時代を経験した世代である。

X世代とミレニアル世代のギャップを埋める、企業にとってなくてはならない存在

彼らは、その前後の世代である、X世代とミレニアル世代とは、全く異なる特徴を持っている。

プレ・ミレニアル世代は、ベビーブーマー世代のスティーブ・ジョブズがアップルコンピュータ社を立ち上げた1977年頃から、マッキントッシュがスーパーボウルの伝説のCM「1984」でデビューを果たす1984年頃までの間に産声をあげた人たちで、少年期から成長期、大人になるまでに、アナログライフからデジタルライフに猛スピードで移行するという変化に順応してきた世代である。そのため、デジタルツールの活用においては、会話をする相手に応じて、PCメールもソーシャルメディアも両方使いこなすことができるほか、状況や必要に応じて、電話による対話や、顔を合わせての会話、文書によるやり取りにも適応できる器用さも持つ。彼らは会話の相手がどの世代であったとしても、スムーズにコミュニケーションがとれるスキルを持ち合わせていたため、企業内の世代間ギャップの問題を解決する役割を担う存在であった。

プレ・ミレニアル世代は、現実的楽観主義者である

2001年、プレ・ミレニアル世代が高校在学中、または高校卒業後に就職して間もない頃、そしてこれから大学や大学院を卒業するという頃に、9・11の同時多発テロ事件は起きた。さらに、彼らが職に就いて間もない頃から30歳前後にかけて、予想をはるかに超

えた経済恐慌がアメリカを襲い、大銀行が次々と崩壊するのを目の当たりにした結果、プレ・ミレニアル世代は、現実の厳しさをどの世代よりも早い年齢で悟った。

しかし、そんな悲劇を経験してきたプレ・ミレニアル世代ではあるが、彼らは未来に対して悲観的な考え方を持っているわけではないという。

ネガティブに物事をとらえがちなX世代と、ポジティブ思考なミレニアル世代の狭間に存在することで、未来に対してバランスの取れた展望を持つことができる彼らは、経験から学んだこととして、現実の生活の中で、さまざまな困難に遭遇したとしても、将来に対して明るい見通しがつけられるような考え方や意思を持って生きる、という現実的かつ楽観的な考え方を持っている世代として、定義づけられている。

共働きが多く、可処分所得も高めのプレ・ミレニアル・ファミリーは家庭と健康第一主義

2019年時点で、プレ・ミレニアル世代は35歳から42歳になっており、人口としては2500万人から3000万人ほどで、米国全人口の10分の1を占める。

そして現在、ミレニアル世代の最も年上の層に属する彼らの多くは、結婚したり、子供

が生まれたり、と家庭を持っている。

２０１８年にGfK Consumer Lifeリサーチ社が実施した調査によると、プレ・ミレニアル世代は彼ら以外のミレニアルの三世代に比べて、快適な家庭生活をテーマにした広告を好み、料理をしたり、献立を考えたりする、日常的な活動をより良いものにすることを重要視する傾向がある、と報告している。

さらに、家事の効率化のためには、家事を代行してくれる専門家にお金を払うこともやぶさかではなく、省エネ家電やオープンフロアタイプの居住空間を含む、新しい住居にも多大な関心を寄せている。

また、彼らは、精神的にも身体的にも健康バランスが取れた生活を送ることにこだわりが強く、現在、米国で流行中のマインドフルライフを積極的に実践している。この流行に関連して急成長を遂げているビジネスには、人生を豊かに暮らすためのワークショップや企業内トレーニングを提供する「Thrive Global（スライブ・グローバル）」や、毎日のメディテーション（瞑想）をサポートするアプリケーション「Headspace（ヘッドスペース）」などがある。

そのほか、プレ・ミレニアル世代がメインターゲットとなってヒットしているのは、任天堂のクラシックミニ・ファミリーコンピュータや、コンバースやVANS（ヴァンズ）ブランドなどで、同世代が成長する過程で流行した商品やブランドばかりが揃っており、同世代のアナログ時代を懐かしく思う、懐古心を刺激する手法が用いられている。

4 ポスト・ミレニアル世代

ポスト・ミレニアル世代は、1997年から2012年頃までに生まれた世代であり、「Generation Z（ジェネレーションZ）：Z世代）」と呼ばれる世代と一部重複する年代だが、ここでは2019年時点で、7歳から22歳の、少年期から青年期に属している人たちを表している。

ポスト・ミレニアル世代の総人口はおよそ6500万人で、米国全体のおよそ20％を占め、2019年時点で440億ドルの購買力を持ち、その規模は日々拡大していると言われている。

彼らが、ミレニアル世代と相違する傾向はいくつかあるが、最も大きく違うのは、次の

6つの点である。

1つめは、彼らは、どの世代よりも多文化的な背景を持つ多民族によって構成され、人種の違いや性別に対する偏見が少なく、自分と違う個性を尊重し、多様性を受け入れる姿勢が顕著であること。

2つめは、9・11同時多発テロ事件やリーマンショックなどの悲劇的な出来事の記憶がほとんどない世代であるため、将来に対して楽観的であるが、世界中のあらゆる情報をリアルタイムでチェックする彼らは、客観的な視点から現実を直視できる世代であり、現実的な楽観主義者であるということ。

3つめには、自らのIT依存を自覚し、デジタル世界が人に及ぼす悪影響を理解していること。また、情報過多の状況下であっても〝ホンモノ〟を見抜く力を持ち合わせている。そして、現実的な彼らは、社会や環境の課題についても問題意識を持ち、この課題解決をミッションとして掲げて生きていることが挙げられる。

4つめには、ポスト・ミレニアル世代の両親は、ミレニアル世代や前世代の親と比べても、高学歴者の割合が多く、比較的豊かな家庭環境の下で育っていること。

5つめには、デジタルツールの活用による利便性は求めつつも、非デジタル的な価値や体験を重視しており、この世代の53％が、フェイス・トゥ・フェイス、つまり顔を合わせてのコミュニケーションを欲していること。

そして、最後の6つめには、ワークスタイルに対する考え方である。Gallup社の調査によると、この世代には、ミレニアル世代よりも起業する意向を持つ人が55％多く、ポスト・ミレニアルの高校生の72％、大学生の64％が自分の会社を起業したいと考えており、働き方や働く場所についてもフレキシブルな考えを持ち、自分独自のワークスタイルを望む傾向が強いことである。

文化的、民族的にも多様なポスト・ミレニアル世代が米国市場を変える

ポスト・ミレニアル世代の人口6500万人のうち、白人以外の人種が占める割合は48％、ミレニアル世代では39％、X世代では30％であった。また、白人以外の人種に含まれる外国からの移民者数は約440万人で、全体の7％未満となっている。

ポスト・ミレニアル世代の白人以外の人種のうち、最も多いのがヒスパニック系の25％、続いて黒人が14％、アジア人が6％、その他が4％となっており、ポスト・ミレニアル世代以外の世代と比較すると、ヒスパニック系の人口が全体の4分の1を占めるまで

ポスト・ミレニアル世代の４人に１人がヒスパニック系
＊6歳から21歳までがポスト・ミレニアル世代

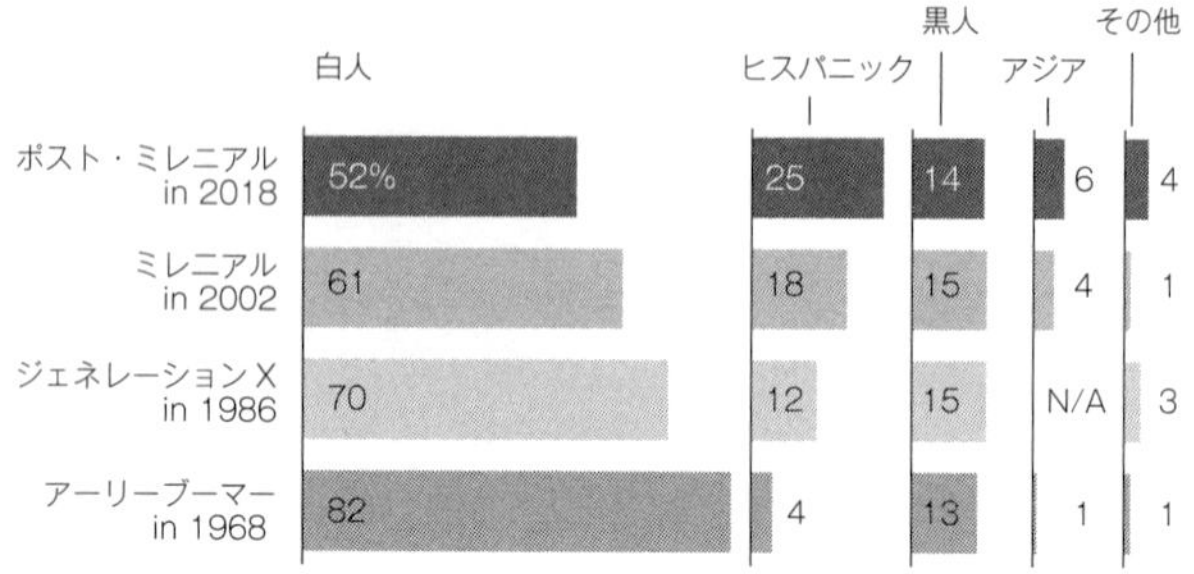

注：人種グループ（黒人、白人）には、ヒスパニックでない単一人種のみが含まれる。ヒスパニック系には、メキシコ、キューバ、プエルトリコなどのラテンアメリカ出自の人が含まれる。アジア人には太平洋諸島系住民が含まれる。人口動態調査において1988年までアジア人の人種を分けていない。ヒスパニック用法は1971年まで修正されていない。1968年時点でのブーマー世代の人種構成は、1970年のセンサス調査での8歳から23歳を基本としている。

＊初期のベンチマークは、ポスト・ミレニアル世代が最も注目を集める傾向にあることを示し、彼らは最高の教育を受けた世代とする。

出所：Pew Research Centerのホームページ　https://www.pewsocialtrends.org/2018/11/15/early-benchmarks-show-post-millennials-on-track-to-be-most-diverse-best-educated-generation-yet/（2020年4月5日確認）

図1-4-1　ポスト・ミレニアル世代に占めるヒスパニック系の人口の割合（%）

に拡大してきているのが特徴的である（図1-4-1参照）。

さらに、ヒスパニック系ポスト・ミレニアル世代のうち、外国からの移民者の割合はたったの12％で、ミレニアル世代の24％と比べると半分に減少しているのが分かる。

ミレニアル世代に占めるヒスパニック系の割合が18％であるのに対し、ポスト・ミレニアル世代では25％に増加した要因は、彼らは移民ではなく、米国で生まれた両親のもと、または米国への移民である両親のもとで生まれたヒスパニック系二世の人口が増加したことを表している。

米国への移民の流入は、２００５年にピークを迎えており、移民者数はここ数年減少傾向にある。しかし、そうであっても、新しい移民者が米国に入るにしたがって、今後も米国における人種のダイバーシティ化は進むとみられ、国勢調査局の見立てでは、ポスト・ミレニアル世代が14歳から24歳になる２０２６年頃には、白人の人口がポスト・ミレニアル世代の人口が過半数を割って、マイノリティーに一転すると予測されている。そうなれば、米国の人口構造に大きな変化をもたらすことになる。

また、マジョリティーとなる白人以外のポスト・ミレニアル世代については、その大多数が都市部や西海岸エリアに集中して居住する傾向があることが示唆されている。この人口構造の変化は、ミレニアル世代から継続して起こってきている変化と言え、小売業界もこの変化への対応を進めている。

多文化を理解し、売場やメニューに反映させている店舗を好む

近年、多文化、多民族の消費者は、米国の小売業界に多大な影響を与えてきた。特に、

食料品においてはその影響が明らかで、食品メーカーやスーパーマーケット、外食企業は、彼らの消費動向の研究やマーケティングへの投資を積極的に行ってきている。

2016年、ニールセンによって行われた調査では、米国の32％の消費者は、多文化のニーズを理解しているブランドに対してより多くの出費をする、とし、過半数以上が多文化的商品を多く扱っている店舗を好んで買い物をする、と回答している。

また、2016年の統計によると、ヒスパニック系ミレニアルの61％は、ヒスパニック食品を専門に扱う小売店舗で買い物をしており、51％はトルティーヤ（トウモロコシが原材料の薄焼きのパン）売場、または、パナデリーア（スペインのパン屋）のある食料品店に優先してでかけていることが分かっている。

ここで重要なことは、米国のミレニアル世代の40％が白人以外の人種であり、そのおよそ半分はヒスパニック系とされ、先にも記したように、今後数年以内に、ヒスパニック系を含む、白人以外の多民族消費者が全体の過半数を超えてくると予測されていることである。そして、この人口構造の変化を加速させるのが、ポスト・ミレニアル世代だ。

ヒスパニック系アメリカ人と呼ばれる人種の増加は、彼ら自身による購買力の増加だけでなく、彼らがつくりだす食トレンドによって影響を受ける、多文化を支持するミレニアル世代の消費増加にもつながることから、ヒスパニック系アメリカ人の消費動向の研究は大きな意味を持っている。

ヒスパニック系ミレニアル世代とポスト・ミレニアル世代の消費動向に注目

ヒスパニック系アメリカ人の人口は、およそ5700万人と推定されており、米国史上かつてないほどの購買力を持つ民族グループとして、小売業界が注目している。

The Hispanic Millennial Project のレポートによると、73%の米国で生まれたヒスパニック系ミレニアル世代は、彼らの母国文化につながりを持つ食品や飲料を選んで購入しており、ヒスパニック系ポスト・ミレニアル世代にも、同様の傾向が見られるという。

さらに、彼らの消費動向を調べた別のレポート〝The why ? Behind the buy US Hispanic Shopper Studies〟によれば、彼らは、ヒスパニック系以外の新しい味覚の食品や、健康的な食品を見つけて買い物をするほうが、ヒスパニック系食品を買うよりも楽しいと感じているようで、伝統にこだわりつつも、新しい食にも挑戦していることが分かる。

また、米国全人口の4分の1にまで拡大するヒスパニック系アメリカ人による影響は、もともと新しい食文化への関心が高いミレニアル世代やポスト・ミレニアル世代の食トレンドに及んでいる。事実、ヒスパニック系ではない白人のミレニアル世代の46%が、メキシカンホットソースを過去3ヶ月以内に購入した、とするデータや、49%のヒスパニック系ではない白人のポスト・ミレニアル世代は、他の国の料理を食べることを楽しんでいる、と言明している。

ヒスパニック系ミレニアル、そしてポスト・ミレニアル世代をターゲットにした事例では、2017年にサービスがスタートした「Trailo（トラエロ）」と呼ばれるモバイルアプリがある。このモバイルアプリでは、会費月額14・99ドル、または年会費99ドルを支払えば、1000を超えるヒスパニック店が扱うヒスパニック系の食料品を購入することができるほか、検索、注文、デリバリーの依頼まで全てアプリ上ででき、購入した商品は同日配達が可能である。現在のサービスはニューヨーク市のみだが、今後は、マイアミ、ボストン、フィラデルフィア、ヒューストン、サンフランシスコ、ロサンゼルスでの展開を予定している、と発表している。

5 ミレニアル・ペアレント（ミレニアル世代に属する親たち）

ミレニアル世代の結婚平均年齢は30歳とされ、晩婚化の傾向は年々高まっている。しかし一方では、2019年時点で、ミレニアル世代のおよそ半分が30代に達しており、2020年には、ミレニアル世代に属するママの数は2200万人を超え、新しくママになる女性の83％、10人のうち8人は、ミレニアル世代に属しているのだ。2019年5月10日のフォーブス誌の記事によると、米国のママによる購買力は2・4兆ドル、日本円では240兆円に達し、そのうちの460億ドル、4・6兆円が新人ママによるもの、と見積もられている。

ちなみに、米国では、このミレニアル世代の子供に当たる、2010年から2025年頃までに生まれる「Generation α（ジェネレーション・アルファ）：アルファ世代」が、親世代であるミレニアル世代の購買行動に多大な影響を与える存在として注目され、多くの企業が研究をスタートさせている。

アルファ世代に目を向け、マーケティング戦略をすでにスタートさせている企業には、エクササイズや健康に関する日々のデータを記録するスマートウォッチブランドである「Fitbit（フィットビット）」、歯磨き粉ブランドの「Crest（クレスト）」、ドラッグストアの「Walgreens（ウォールグリーンズ）」、そして「Google（グーグル）」などがある。

たとえば、Fitbitは、2018年の春に「Fitbit Ace（フィットビットエース）」という子供向けの製品を、およそ100ドル前後の価格で売りだし、その年のクリスマスプレゼントとして小学生の間で最も人気が高かった。

また、プロクター&ギャンブルが仕掛けた、「Crest Kids（クレストキッズ）」の販促では、アマゾンのスマートスピーカー「Alexa（アレクサ）」を活用して、子供たちに向かって、歌を流しながら「2分間の歯磨きをしよう」とメッセージを届けて、話題になった。

ミレニアル・ペアレント、そしてその子供へのアプローチは、断然YouTubeが効果的

ミレニアル・ペアレントの86%は、食事のつくり方や子育ての方法をYouTubeで学んでいる。そして、この傾向は、母親よりも父親において顕著であることが、グーグル社が行った調査で明らかになった。

YouTubeを媒体にした、ミレニアル・ペアレントとその子供であるアルファ世代へのアプローチにおいて、最近世間を騒がしているのは、「Ryan ToysReview（ライアントイズレビュー）」の成功だろう。わずか7歳にして、フォーブス誌が発表した「2018年ユーチューバーランキング」で見事1位に輝いたライアン君。彼が紹介するおもちゃの動画が人気を呼び、2019年6月時点で、チャンネル登録者の数は1950万人以上となっている。そして、このチャンネルの人気に目を付けたのが、小売最大手の「Walmart（ウォールマート）」社で、2018年には、「Ryan's World（ライアンズワールド）」という、独自ブランドのおもちゃシリーズを発売した。

2015年5月にスタートし、たったの4年で最も稼ぐユーチューバーとなったアルファ世代のライアン君。彼のようなユーチューブインフルエンサーがつくりだすコンテンツを活用したメディアブランド「Poket.Watch（ポケット・ウォッチ）」のCSO（Chief Strategy Officer）であるムーンベス氏は、「子供たちは自分で観るチャンネルを選び、そのチャンネルに流れる広告も同じように視聴するのです」とAdageの記事の中でコメントし、今後、Walgreensや、Netflix（ネットフリックス）とも商品開発を進める計画があると語っている。

ミレニアル・ファミリー世帯の購買の85％をコントロールしているのは、ミレニアル・ママ

２０１６年に米国で生まれたベビーは、およそ３９０万人、そのうちの１２０万人がミレニアル・ママのベビーである。（National Center for Health Statistics data 調べ）また、Pew Research Center（ピュウリサーチセンター）によると、毎年、１００万人を超える新人のミレニアル・ママが誕生している、と報告している（図１‐５‐１参照）。

ミレニアル・ママの特徴は、週におよそ17時間あまりをスマートフォンの利用に使用しており、少なくとも３つ以上のソーシャルメディアアカウントを持っている、デジタル・ネイティブ・ママであることだ。

そして、ミレニアル・ママの90％は、家族や友人と食品についての情報をオンライン上で共有していると同時に、46％が他のミレニアル・ママが推薦する商品や情報を信頼している。加えて、自分たちは素晴らしい子育てをしている親である、と自身の子育てを評価している人の割合が、他の世代よりも多い（図１‐５‐２参照）。

また、新年の抱負として、62％のミレニアル・ママは、子供や家族のために健康的な食事を心がけること、57％は砂糖の摂取を控えること、51％は家族に手づくり料理をもっと

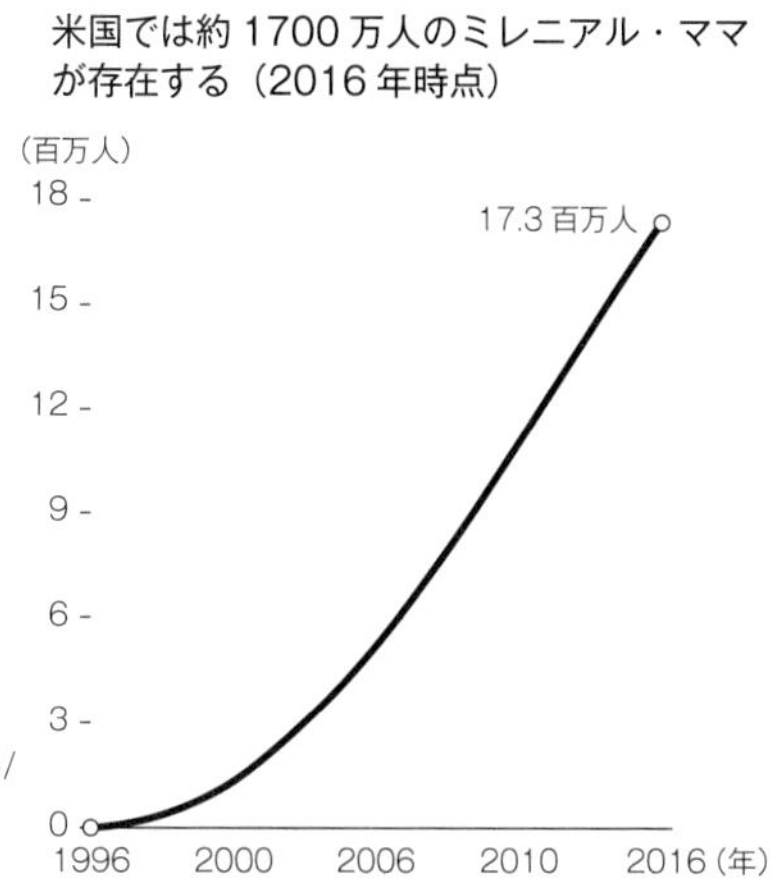

注：米国居住者の出生を基本とする。この数字には養子縁組、義理の母親は含まれていない。
出所：Pew Research Center のホームページ
https://www.pewresearch.org/fact-tank/2018/05/04/more-than-a-million-millennials-are-becoming-moms-each-year/
（2020年4月5日確認）

図1-5-1　ミレニアル・ママの人口推移（米国における、1981年から1996年生まれの女性の初出産数の累計）

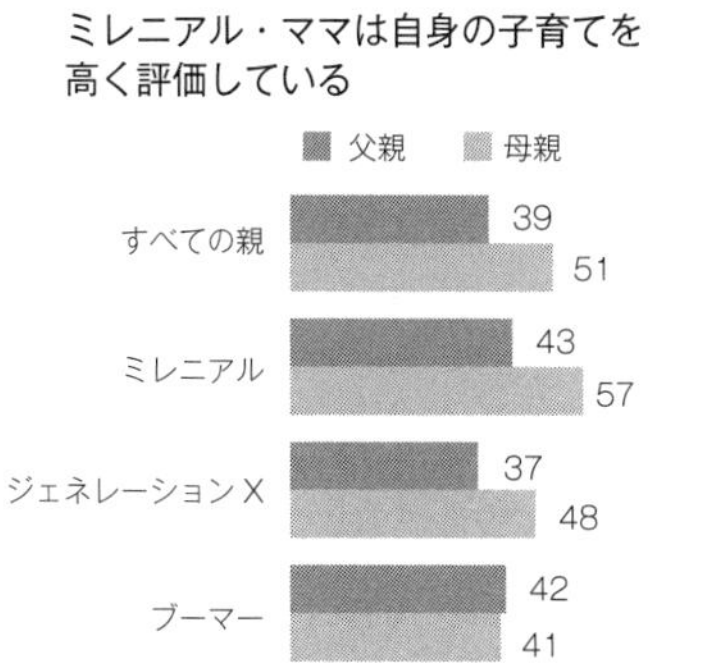

出所：Pew Research Center のホームページ
https://www.pewsocialtrends.org/2015/12/17/parenting-in-america/
（2020年4月5日確認）

図1-5-2　自身の子育てを高評価する親の割合（％）

頻繁につくること、などを語っており、より健康的なライフスタイルを家族のために実現させたい、と考えている。

次に、ミレニアル・ママの25％は、効率的に家事をこなすためならば月に50ドルずつ支払うのはやぶさかではなく、20％は、忙しさが軽減されるなら150ドルを払ってもよいと考えている。忙しさの軽減という点では、ミレニアル・ペアレ

2017年の中間層調整所得は1世帯3人を基準とした

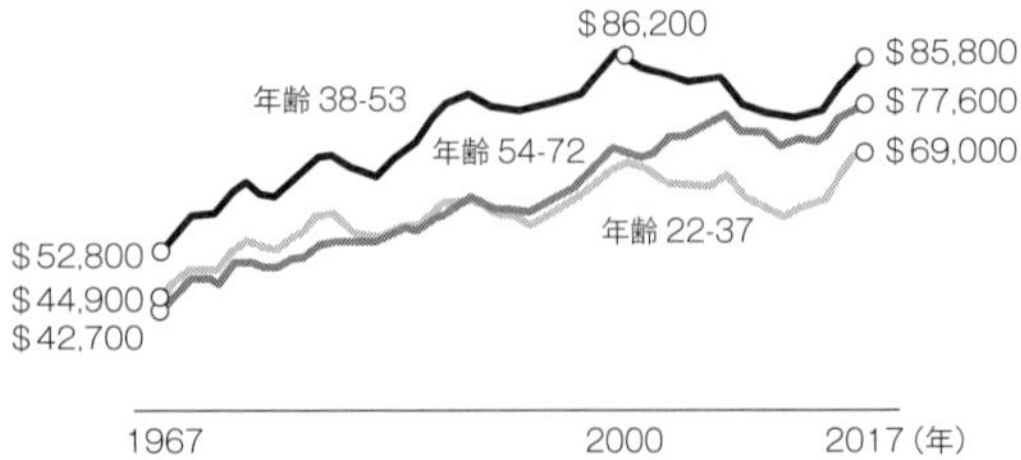

注：世帯収入は世帯規模に応じて調整される。2014年以降のデータは、再設計された所得の質問の回答結果を反映している。サイレント世代（現在73歳から90歳）の世帯収入は、79歳以上の世帯データが国勢調査データにグループ化されているため、正確に推定できなかった。

出所：Pew Research Center のホームページ
https://www.pewresearch.org/ft_18-12-04_incomegenerations_feature/
（2020年4月5日確認）

図 1-5-3　世代別・世帯収入の推移

ントの外食の頻度は、2017年から2018年にかけて5%上昇、ミールキットを宅配してくれる、Blue Apron（ブルーエプロン）やHello Fresh（ハローフレッシュ）などのサービスを利用する人も多い。家事による忙しさ軽減のための出費を、あまり気にすることなく支払えるのは、2017年時点でミレニアル世代の世帯収入が高水準にあることが背景にある。図1-5-3を見ると、2017年時点のミレニアル世代（年齢22-37）の世帯収入が、1967年からの50年間で最も高水準に達していることが分かる。

ミレニアル・ママをターゲットに成功を収める話題のスタートアップ

米国では、過去6年の間に、ミレニアル・ママによる消費拡大をビジネスチャンスととらえた投資家たちが、子育てに関連するスタートアップ・ビジネスに、500億円超の投資をしてきたとされる。

たとえば、2017年10月にニューヨークで創業した「Fit Pregnancy Club（フィット・プレグナンシー・クラブ）」は、出産前後のフォローアップサービスを充実させた妊婦向けのサービスプラットフォーム。創業から約半年で1000人を集めた同社のサービスは、その顧客の半分をインスタグラムによるマーケティング戦略で獲得したと言われており、妊婦用のフィットネスクラスをメインサービスとして、そのほかにも、子育てで疲れた身体を癒すためのマッサージサービスや、忙しくて化粧品を買いに行けないママのために、原料成分にこだわった化粧品ブランド「Beauty Counter（ビューティーカウンター）」の販売なども行ってきた。

同社が扱う健康&美容商品は、ミレニアル・ママがオンラインで購入する商品の中でも上位に入っており、ほかには玩具や家庭用品などがトップカテゴリーに挙がっている（図1-5-4参照）。

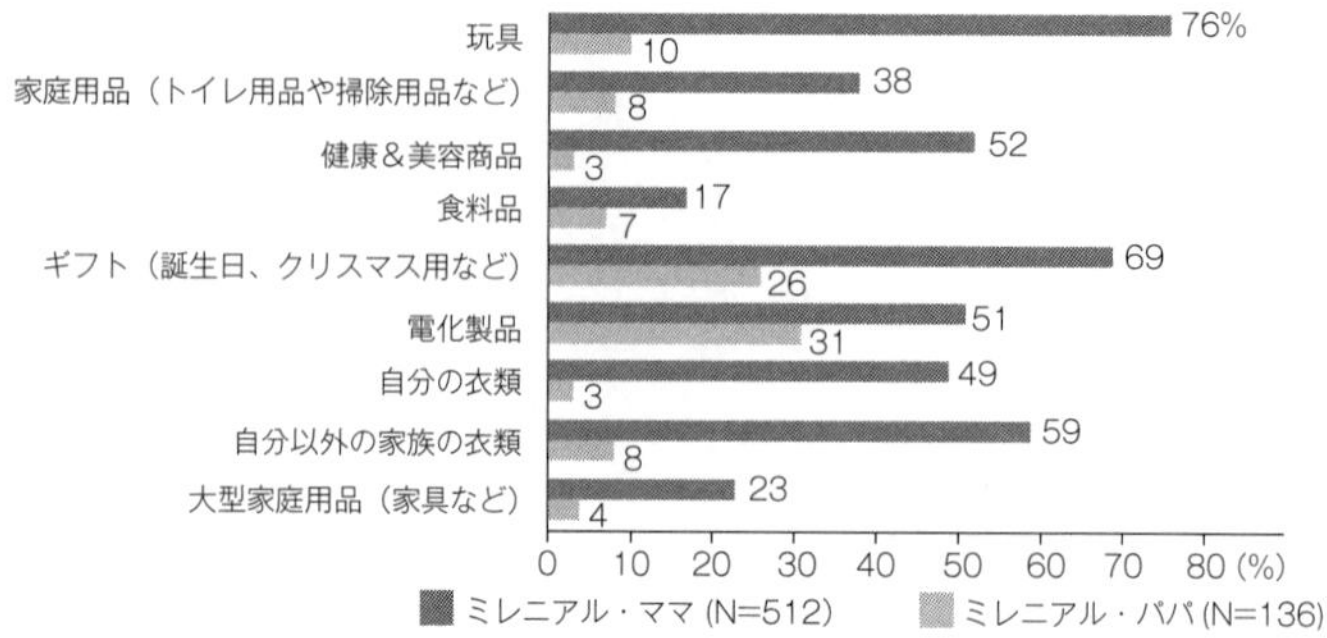

出所：Business 2 Community　ホームページ https://www.business2community.com/loyalty-marketing/takes-earn-millennial-mums-loyalty-retailers-01689356
（2020 年 4 月 5 日確認）

図 1-5-4　ミレニアル・パパとママがオンラインで購入する商品

2015年に創業した、女性に特化したコワーキングスペース「The Wing（ザウィング）」は、ミレニアル・ママにうれしい保育施設を兼ね備えている。ニューヨークからスタートした同社は、現在、ニューヨークに3ヶ所とサンフランシスコ、ワシントンDCにビジネスを展開し、2019年から2020年にかけては、シアトルやロサンゼルスなどを含む10ヶ所にも進出する計画を立てている。

また、2016年には、ミレニアル・ママの働きやすい環境を整えることをミッションに掲げたスタートアップ「Cleo（クレオ）」が、サンフランシスコで創業された。同社のサービスは、妊活から育児までのサポートをする福利厚生プログラムを企業向けに提供するものである。

このほかには、ベビーフードのデリバリーサービス事業を行う「Yumi（ヤミ）」や、ワイヤレスの母乳用搾乳器のメーカー「Elvie（エルビー）」、育児スケジュールを管理するアプリケーション「Glow Baby（グローベービー）」、そして、高級子供服のオンラインショップ「Maisonette（メゾネット）」などがある。

（藤原 栄子）

第2章

ミレニアル世代の共通性と特異性

SUMMARY & KEYWORDS

第2章では、市場規模も大きく日本企業との関わりも深い米国・中国・タイにおけるミレニアル世代の特徴を日本と比較しながら検討する。それぞれの国でネットモニターを活用し300人超のサンプルを集め、主にレーダーチャートを作成して4ヶ国の違いを明らかにする。さらに、ミレニアル世代より前の世代と比較することによって、各国ミレニアル世代の共通性と特異性を明らかにしている。

日本人の中庸を尊ぶ回答バイアスを考慮すると、4ヶ国のミレニアル世代の意識特徴はきわめて共通性が高い。男女の差もほとんど見られず、世界的にミレニアル世代を共通のターゲットとする共通分母方策が有効な戦略となりうることを示唆している。ドミナント（自国愛）、エコロジー、グローバル、シェアリング、ライフの大項目の下部に位置する計20の小項目をレーダーチャートに表した場合、驚くほど形状が似ているのである。

4ヶ国におけるミレニアル世代の意識調査のほか、食品購買、居住地に関する要望、労働環境、健康意識を尋ねている。居住地に関する要望では、興味深い違いがでている。まず、ミレニアル世代の海外移住意向は3割前後と彼等の前の世代よりはるかに高まっている。ただ米国だけは国内居住希望が85%と多い。

日本のミレニアル世代は、前の世代と比べ、ドミナント意識や環境意識が低い点が他国のミレニアル世代と異なる。

【キーワード】ドミナント（自国愛）、エコロジー（環境意識）、グローバル（海外意識）、シェアリング（シェア意識）、ライフ（生活・人生観）

1 日本・米国・中国・タイの4ヶ国のミレニアル世代を比較してみる

ミレニアル世代に関する先行研究は、米国だけでなく、ヨーロッパやアフリカ、アジアについてのものも多い。その中でしばしば語られるのは、彼らがデジタル・ネイティブであることであり、共通認識として定着している。また、2025年には世界の労働人口の75%をミレニアル世代が占めると言われていることもあり、各種調査結果に関しては、特に労働（働き方）に注目したものが見られる。こうした状況から、われわれが今後研究を進めるに当たり、まずはより広範な意識・価値観について整理しておく必要を感じた。そこで2018年7月、日本、米国、中国、タイの4ヶ国に対し、選択アンケート形式の定量調査を実施した。この4ヶ国を選択した理由は、市場規模の大きさと、日系企業が海外進出先として選んでいる地域であることの2点だ。市場規模については、「4ヶ国の基礎的指標」（表2-1-1）を参照していただきたい。米国と中国は世界市場をけん引している巨大市場であること、タイは、拡大する東南アジア経済の中で今後ハブになると言われ、経済成長への期待も大きいことに着目した。日系企業の進出という視点では、外務省

	日本	アメリカ	中国	タイ
面積（万平方キロ）	37	883	960	51
人口（万人）	12670	32,257	139,008	6,910
名目GDP（10億ドル）	4872	19,485	12,014	455
名目GDP/人（ドル）	38440	59,774	8,643	6,591
失業率（%）	2.8	4.4	3.9	1.2
輸出額（億ドル）	6980	23,510	22,635	2,352
経常収支（億ドル）	1958	▲4,491	1,648	502
政策金利（%）	0.30	1.00	4.35	1.50

注：中国の名目GDPと名目GDP/人はIMF［2018］による。
出所：JETRP「国・地域別に見る：概況」より大石芳裕作成。

表2-1-1　4ヶ国の基礎的指標（2017年）

「海外在留邦人数調査統計」平成29年要約版によると、進出国の1位は「中国」で、日系企業全体の約45%となる3万2313拠点。2位は「米国」で、約12%の8422拠点。この2ヶ国で半数以上を占めているということ、そして、タイはインドネシアと常に競っているが、長年進出国の上位となっていることから、今回の選定を行った。さらに、ミレニアル世代に着目すると、中国のミレニアル世代は人口4億人を超えており、80后（バーリンホウ）、90后（ジョウリンホウ）と呼ばれ、中国国内において著しい経済成長を経験してきた世代で、消費力や経済力も今までの世代とは一線を画すと言われている。米国のミレニアル世代は、人口は、現在およそ8800万人で、ベビーブーマーの子世代に当たり、今後の米国経済を支える世代と言われている。この2ヶ国のミレニアル世代は、自国内、海外の両面において大きく影響を与えると考えられる。タイのミレニアル世代は、人口がおよそ2900万人で、日本のミレニアル世代人口2650万人に近いボリュームであり、そうした点も今回の対象地域選定の一助として検討を行った。

今回の調査は、インターネットを利用した調査で、共通の価値観を確認することを第一の目的とした。具体的には、【ドミナント（自国愛）】【エコロジー（環境意識）】【グローバル】【シェアリング】【ライフ（人生観）】という5つの視点で、それぞれに関連する4項目に対して、自分の考え方にどの程度当てはまっているかという観点で回答を得た（各国のサンプルサイズは表2-1-2を参照。また、使用した選択肢は表2-1-3を参照）。設問項目は、すべて意識について問うのではなく、いくつかのトピックに対しての共感するかを問う設問と、実際の行動を問う設問をあえて設定した。意識だけを問うと、国によって自己主張の強さが異なり、その差が回答に影響を及ぼすことが考えられたからである。また、【食品購買】【住居】【就労】【健康】の4つの視点でもそれぞれ同様の方法で回答を取得した。4つの国に対しすべて同じ設問を用意し、各国の言語に翻訳したうえで回答してもらった。さらに、ミレニアル世代の回答だけを取得した場合、同国内での変

国	ミレニアル世代			上位世代			総計
	男	女	合計	男	女	合計	
	162	164	326	138	138	276	602
	160	174	334	133	125	258	592
	166	179	345	120	110	230	575
	147	155	302	118	113	231	533
合計	635	672	1,307	509	486	995	2,302

調査方法：ネットリサーチ
調査期間：2018年7月9日～2018年7月17日
調査実施：株式会社ドゥ・ハウス
【自国愛】【グローバル意識】【環境意識】【シェア】【人生観】
など5つの項目についての意識調査。
【食品購買】【住居】【就労】【健康】の4つの軸で価値観についてもそれぞれ調査を実施。
共通点を見つめなおすという視点で、【デジタル・ネイティブ】であることは価値観とは別に共通なところでもあると考え今回は取得せず、どんな人でも回答できる価値観について検証を実施。

出所：株式会社ドゥ・ハウス Global Millennial lab 2018年7月ミレニアル世代4ヶ国調査

表2-1-2　ミレニアル世代の意識・価値観に関する調査の実施概要（単位：人）

ドミナント	1. 自国の習慣や伝統にもっと誇りを持つべきだ
	2. 自国の文化や伝統についてもっと知りたい
	3. 伝統や文化を次の世代にしっかりと伝えたい
	4. 多くの国の人に自国の文化について伝えたい
エコロジー	5. 環境についてもっと考えるべきだ
	6. 小さいことでもエコ活動を行っている
	7. 少し不便でも環境によいものを選びたい
	8. 次世代に良い環境を残したい
グローバル	9. いろんな国のことを知りたい・勉強すべき
	10. いろんな国に行って生活してみたい
	11. 国境や言葉の壁を意識することはあまりない
	12. 2か国以上で生活をしたことがある
シェアリング	13. モノを所有することにステイタスを感じない
	14. 必要なときに必要なモノがあればよい
	15. 友人と生活用品や物をシェアしている
	16. シェリングサービスを活用している
ライフ	17. 今の暮らしに満足している
	18. いろいろな知識や教養を身につける努力をしている
	19. 生活に変化が多いことを好む
	20. 人生を豊かなものにできると思う

出所：株式会社ドゥ・ハウス Global Millennial lab 2018年7月ミレニアル世代4ヶ国調査

表2-1-3　本調査における5つの視点と選択肢項目

化を見ることができないため、各国同程度のサンプル数の上位世代にも同一アンケートについて回答を得た。

今回回答してもらったモニターのプロファイルは図2－1－1のとおりである。未既婚については、すべての国で共通し、ミレニアル世代は未婚者の割合が高く、上位世代は既婚者の割合が高かった。職業については、ミレニアル世代のみ言及するが、すべての国で学生が30％程度となり、会社員は、日本と中国で35％以上であった。米国は、会社員が11％と少なく、経営者が8％で、中国と並んで高い傾向があった。個人で独立するもしくは企業を経営することは、ミレニアル世代の働き方の特徴をとらえているが、日本とタイではこういった傾向は、まだまだ弱いと言える。

前記した共通の価値観を確認するアンケートについて、ミレニアル世代の回答を国別にレーダーチャートにまとめた（図2－1－2参照）。日本人の回答が他の3ヶ国と比較して、大きく下回る結果となっている。これは、極端な回答を避け、中間的な回答を好むという日本人の回答バイアスが影響している可能性がある。たとえば、自分の考えに当てはまっている（10点）を付けた回答数を20項目すべて合算し、その構成比を比較したところ、日本は全回答の8％だったのに対して、他の3ヶ国は30％前後となった。設問ごとの

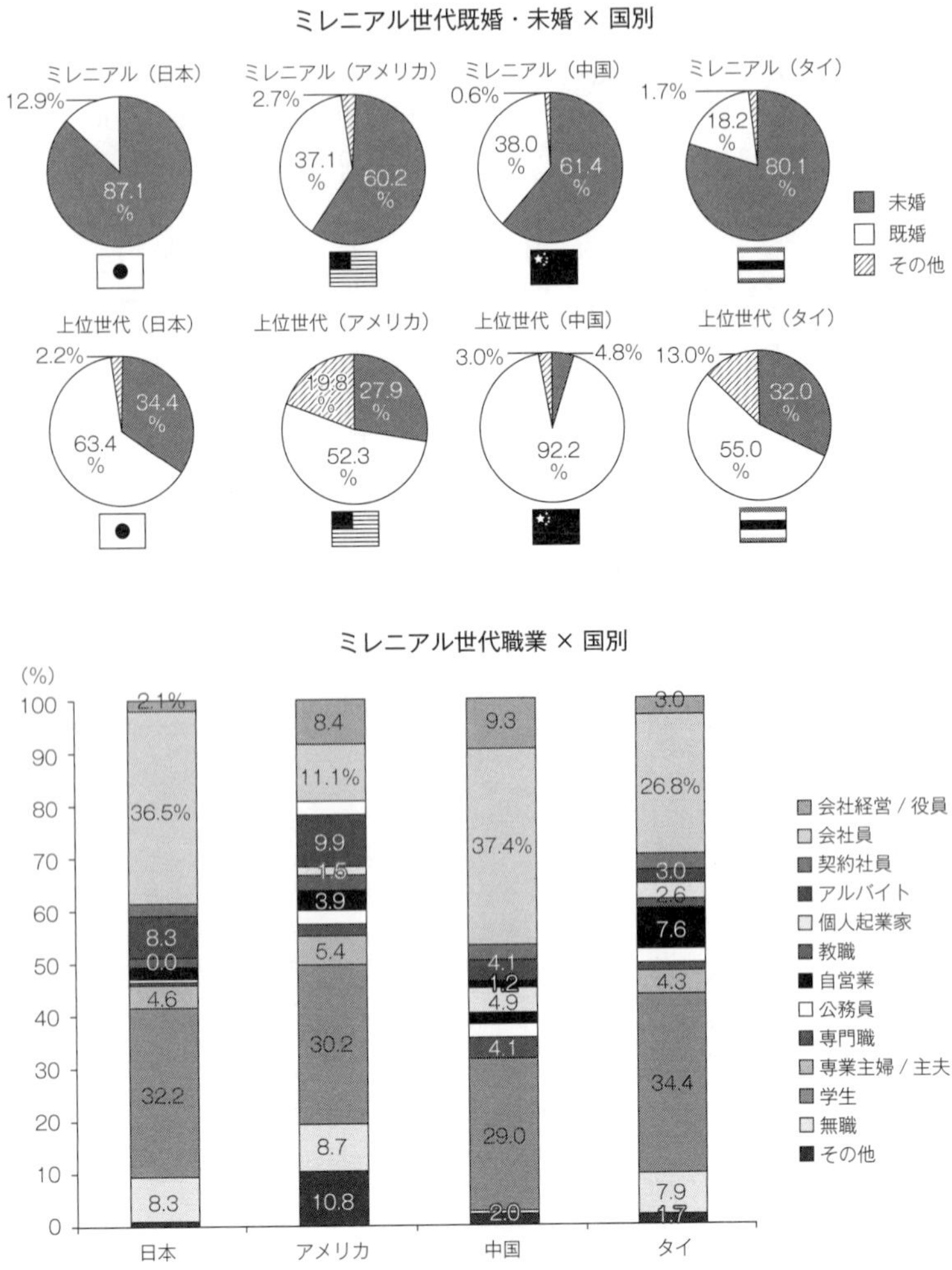

出所：株式会社ドゥ・ハウス Global Millennial lab 2018年7月ミレニアル世代4ヶ国調査

図2-1-1　ミレニアル世代の回答者プロファイル

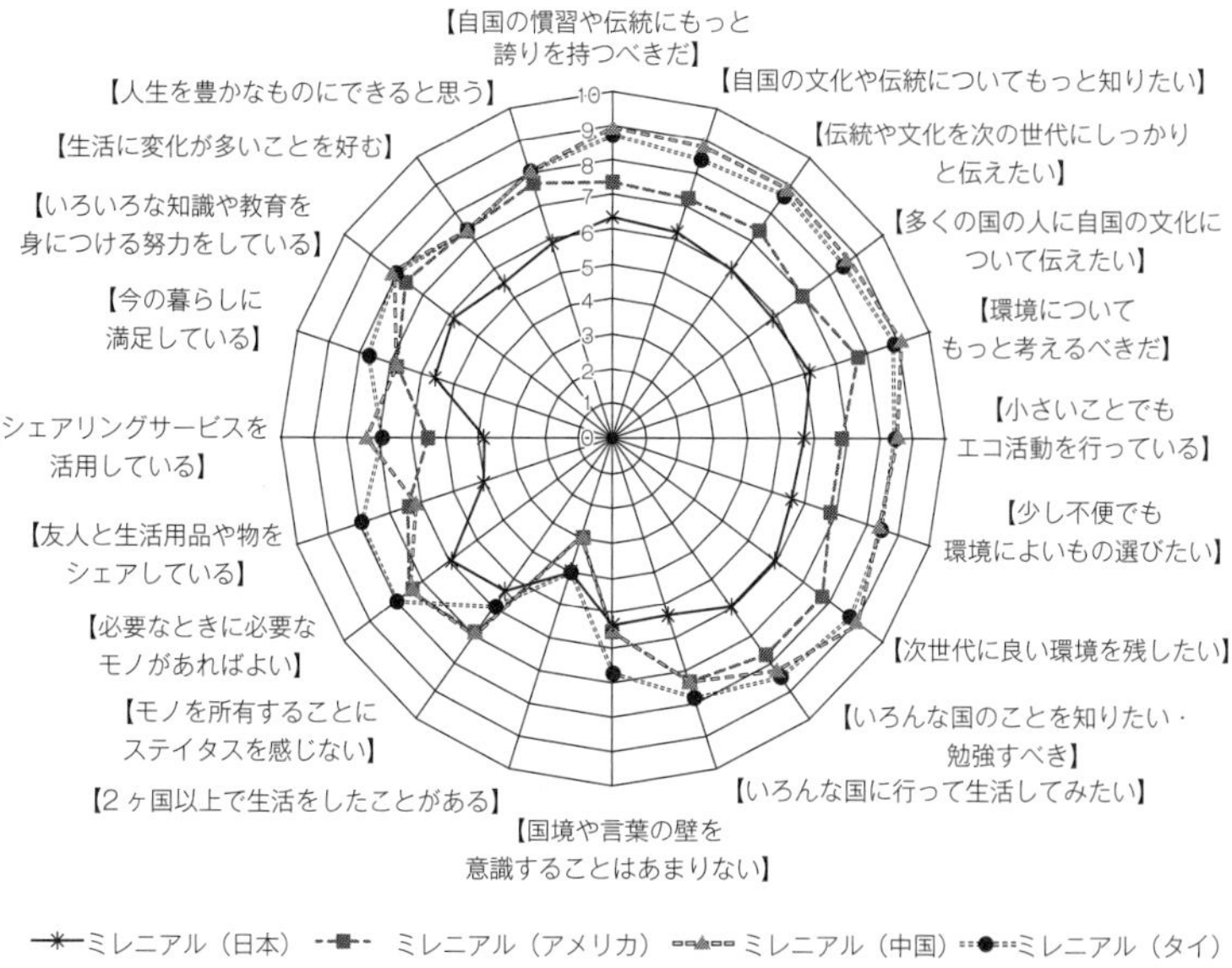

出所：株式会社ドゥ・ハウス Global Millennial lab 2018年7月ミレニアル世代4ヶ国調査

図 2-1-2　国別・ミレニアル世代の意識

上下はあるにせよ、この回答バイアスの可能性は考慮するべきで、今回はその点を踏まえつつ分析した。

各項目についての結果を見ると、【ドミナント】は、中国とタイが非常に高い結果となり、極端にスコアが下がる項目は米国と日本でも見られなかった。【エコロジー】は、項目ごとのスコアの差は中国、タイ、日本においてほとんど見られなかったが、米国は、「エコ活動を行っている」「少し不便でも環境に良いものを選びたい」の2項目について、少し低い結果が見られた。2012年にナショナルジオグラフィック協会と国際世論調査機関グローブスキャンが発表した「グリーンデックス（Greendex）世界17ヶ国の消費者を対象とした調査結果で、米国は環境に配慮した消費行動という視点で最下位となっていた。しかしながら、2015年に同協会が発表したウミガメの鼻からプラスチック製ストローが取りだされる動画をきっかけに、ストロー不要運動が発生し、マクドナルドやスターバックスがストローの提供を廃止する動きを進めていることなどから、調査のあった2012年当時とは状況も大きく変わってきている。今後この動きと環境意識の変化は注目すべきであろう。

【グローバル】は、4ヶ国がほぼ同じ傾向だった環境意識と比べ、少しだが差が見られた。「国境や言葉の壁を意識することはあまりない」という項目で、タイを除く3ヶ国が低い結果となったが、世界の経済大国上位3ヶ国であることを踏まえると、日常的に世界の人、情報に接する機会が多く、こうした結果になったのも、納得がいく。それ以上に注目すべきは、「2ヶ国以上で生活をしたことがある」という項目だ。日本とタイに比べ、米国と中国のスコアが低くなっている。米国は世界中から留学生を受け入れ、グローバル企業も多くある。一方中国は、世界各国に留学生を送り、中国国内を中心としたＩＴ企業の躍進もあるという大きく逆の特徴が見られるが、どちらの国も自国での生活を中心としており、ドミナント性の高さを感じさせる。日本とタイについても同じく近い結果ではあるので、この点も、今後深く掘り下げていくことで、面白い傾向を見つけられる可能性がある。

【シェアリング】は、中国のみ違う傾向が見られた。特に「シェアリングサービスを活用している」という項目が高いスコアとなった。中国政府はシェアリングエコノミーの発展を積極的に支援する姿勢を見せている。経済政策の最重要ガイドラインとして作成される「第13次5ヶ年計画」(2016~2020年)でも、シェアリング(中国語で「共享」または「分享」)という言葉がたびたび登場しており、力の入れようを感じさせる。こうした政策の後押しもあり、ライドシェアや傘のシェアなど生活の細部にシェアリングサービスが浸透していることが今回の結果の背景にあると考えられる。

【ライフ】について比較すると、日本以外はほぼ同スコアとなり、今の生活に対して満足している一方で、知識や教養を学ぶことで自分の生活をより良くすることができるというごく自然な結果となっている。日本も回答の強度こそ異なるが、同様の傾向が見られた。

続いて、同じ国のミレニアル世代と上位世代とを比較してみると、米国は、ミレニアル世代の男性が、4項目すべてで上位世代を上回る結果となった。一方、他の3ヶ国では、日本のミレニアル世代の女性が「生活に変化が多いことを好む」という設問で極端に低い結果になった点を除き、ミレニアル世代と上位世代との傾向の差はほぼ見られなかった。

ここまで意識・価値観に関する調査結果を見てきたが、日本人の回答バイアスを踏まえても、4ヶ国間で数字面での大きな差はなく、ミレニアル世代の男女別のデータを見ても、男女間で1ポイント以上の差がある項目は4ヶ国すべてでほとんどない。つまり、国、性別を考慮しても、意識において大きな違いはなく、むしろ共通性の高さが浮かび上がったと言える。この世代と向き合うために必要な考え方として、デジタル・ネイティブ、交通インフラの発展と、意識・価値観における共通性の高さから、国ごとのドミナント戦略は重要ではありつつも、共通項を踏まえての共通化戦略を導入することで、より多くの共感を得ることができる可能性がある。そのうえで日本のような結果がでる国をしっかりと見定めて、より琴線に触れる細やかな対応をしていくべきだろう。それには、定量的アプローチよりも、自分のビジネスにかかわるコミュニティとの積極的な対話をすることが望ましい。今回の調査は、過去の調査結果の再現確認と今後研究・検証すべきポイントをあぶりだすための調査として、多くの気づきを与えてくれたと言える。

2 ミレニアル世代が住みたい街

ミレニアル世代を調査する中で、意識調査以外にも、複数の項目について比較調査を実施した。取得した項目は、【食品購買】【居住地に関する要望】【労働環境について】【健康意識】の4項目である。その中で、居住地に関する結果に面白い傾向が見られた。図2-1に示すように、4ヶ国すべてのミレニアル世代の共通点として、安全や交通の利便性など、生活基盤を築くうえで欠かせない項目のスコアが別項目と比べ高く、日本を除く3ヶ国が「シェアリングサービスが使えること」の意識が高いという結果となった。Airbnb、Uberなど企業価値1兆円を超えるシェアリングエコノミースタートアップが続々と生まれている米国と、民泊サービス「自在客」や、Mobike、Ofoといった自転車シェアリングサービスなど多くのシェアリングビジネスが誕生している中国については予想どおりの結果であり、多くのサービスに触れる機会が多い環境があると、その利用価値や、利用頻度も高くなるのは想像に難くない。しかし、タイについてはどうだろうか？シェアリングビジネスが多く誕生している2ヶ国と比べ、ビジネスが多く生まれている機運は感じにくいが、生活者の利用意識は高い。実際にタイで使われているのは、Airbnb、Uberなどのサービスであり、自国でスタートしたサービスでなくても、受け入れる度量があり、非常に合理的な考え方をしているともとらえられる。また、利便性を求め、物を持たない生活や、体験価値に対して対価を払う傾向が強くなっているミレニアル世代の傾向が垣間見える結果とも言えるだろう。

さらに、グローバル化に対しての意識がどの程度高いのかを見るために、住みたい街はどこかをそれぞれに聞いてみた。その結果、日本人のミレニアル世代は、65%が国内の居住を希望し、35%が海外での居住を希望した（表2-2-1参照）。この結果は、上位世代と比較すると10ポイント以上の差があり、海外への意識が高くなっていると言える。同様に中国、タイにおいても上位世代よりも海外志向が高く、3割近い人が海外での居住をしてみたいと答えている。唯一違う傾向となったのは米国だ。米国人は85%が国内での居住を希望し、ドメスティックな一面を見せる結果となった。なぜ、米国がこのような結果になったのかと分析すると、国内にスタートアップが多く登場しているサンフランシスコ

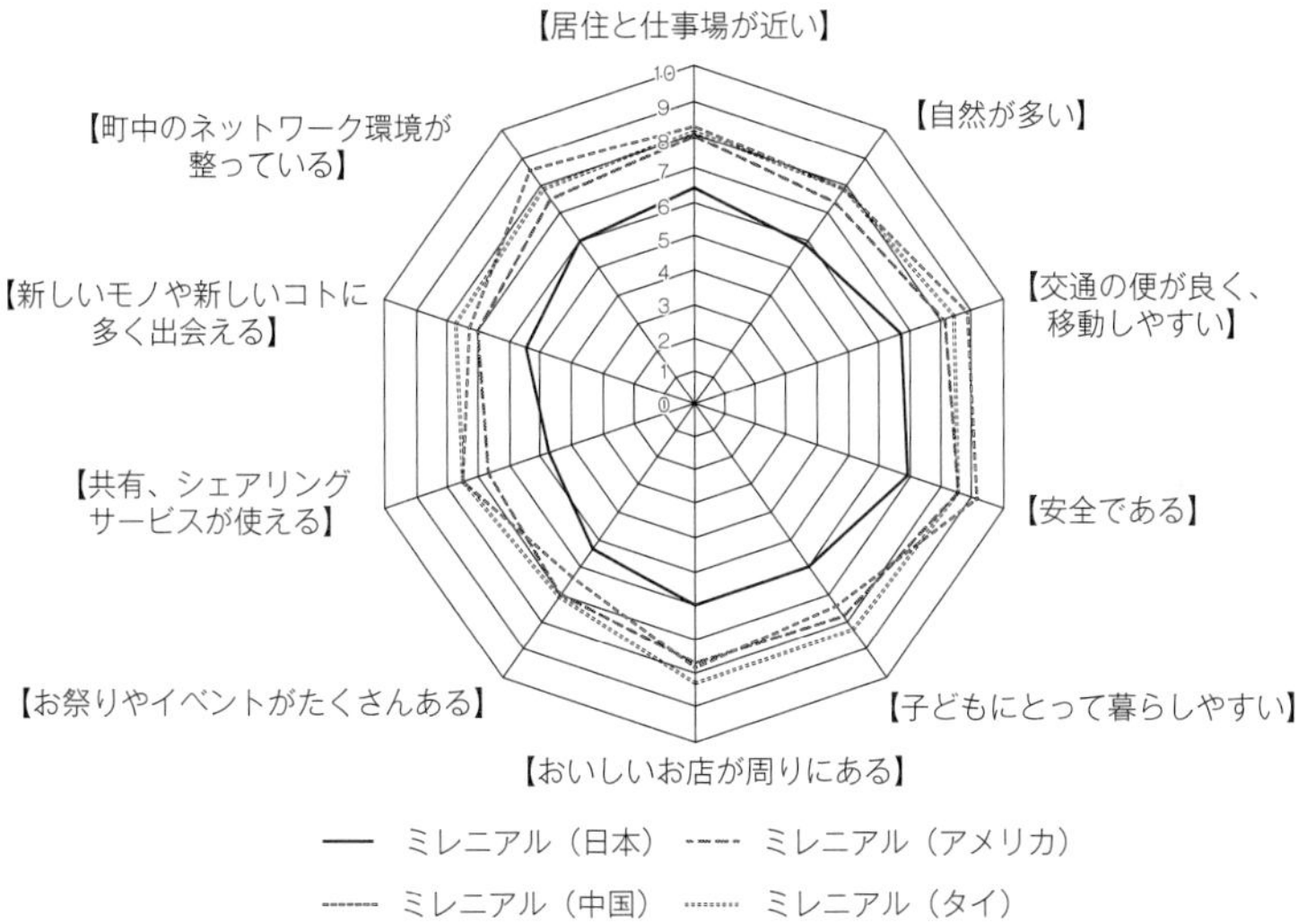

出所：株式会社ドゥ・ハウス Global Millennial lab 2018年7月ミレニアル世代4ヶ国調査

図 2-2-1　国別・ミレニアル世代の「住みたい街」の条件

	国内	海外	※上位世代の海外比率
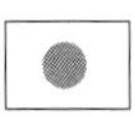	161人（65%）	86人（35%）	49人（19%）
	282人（85%）	51人（15%）	45人（17%）
	254人（74%）	89人（26%）	36人（16%）
	207人（74%）	91人（31%）	57人（25%）

OAからの計算の為不備回答は除く

出所：株式会社ドゥ・ハウス Global Millennial lab 2018年7月ミレニアル世代4ヶ国調査

表 2-2-1　国別・ミレニアル世代の「住みたい街」国内・海外割合

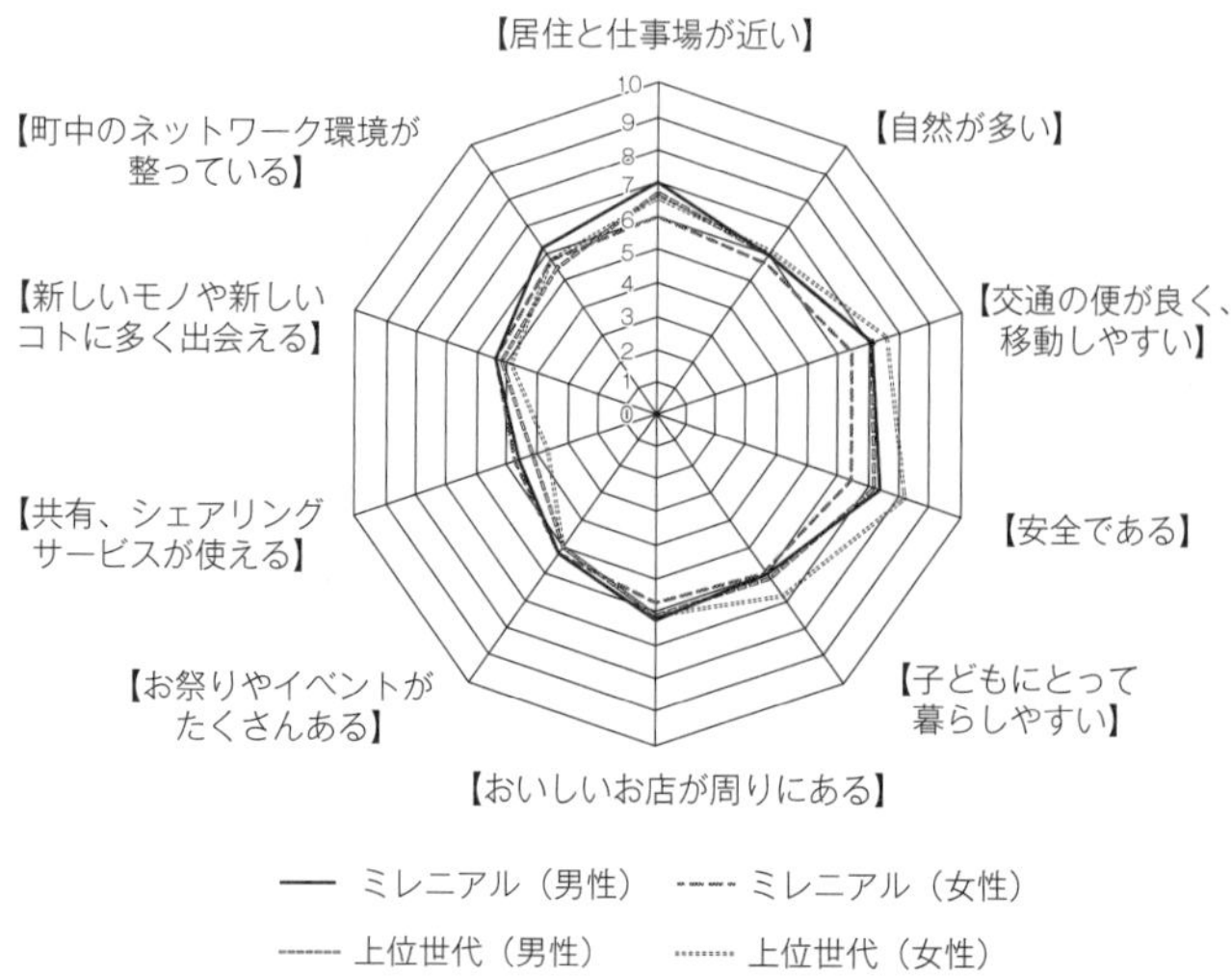

出所：株式会社ドゥ・ハウス Global Millennial lab 2018 年 7 月ミレニアル世代 4 ヶ国調査

図 2-2-2　日本の「住みたい街の条件」年代比較

やシリコンバレーの存在と、Google、Apple、Facebook、Amazon のような世界をリードする企業の登場、国内の景気の良さなど、複数の要因があると考えられる。また、それぞれの国で住みたい都市を聞いたところ、日本に住みたいと回答した日本人の35%が東京と答え、タイは24%がバンコクと回答したのに対し、米国は、カリフォルニア、ニューヨーク、フロリダに回答が分散し、中国も上海、広東省、浙江省などに分散する結果となった。両国においては、都市ごとに機能が異なっており、一極集中ではなく、選択肢の多さがうかがえる結果となった。

最後に、日本のミレニアル世代と上位世代を比較したところ、女性の回答に大きな違いがあった（図2－2－2参照）。上位世代の女性が、安全で利便性が高く、子供が暮らしやすい環境を求める一方、ミレニアル世代の女性は、シェアリングなどのサービスにおいて利用要望があるという点を除き、住居についてあまり積極的に考えていない様子がうかがえた。住みたい街という視点で、ミレニアル世代の志向を分析していくと、デジタル・ネイティブらしく多くの情報を獲得する手段を持ち、移動手段の発達により世界は狭くなったが、調査結果からは2ヶ国以上の居住について積極的ではないと言える。

3 日本のミレニアル世代

ここまで4ヶ国調査の結果を国別に対比して見てきたが、ここからは日本のミレニアル世代の特徴について考えていく。日本のミレニアル世代人口は、2018年時点で、およそ2648万人（人口の約21％）と言われている。世界的にミレニアル世代が注目されている理由の1つに、2025年に世界の労働人口の75%をミレニアル世代が占めるようになるという試算があるが、日本においてはこの限りではなく、2025年になっても労働人口の50%程度にとどまる予測だ。日本におけるミレニアル世代への注目が遅かったのは、こうしたことが要因の1つと言えるだろう。

この世代は、日本の世代定義においては、ゆとり世代（1987~2004年生まれ）を中心としており、さとり世代（1990年代以降生まれ）を一部含む世代だ。彼らの過ごしてきた時代を振り返ると、幼少期にコメの自由化やバブル崩壊といった経済的な不安を経験し、小学生の頃は阪神淡路大震災、中高校生の頃には米国同時多発テロ事件、その後のテロとの戦いや、リーマンショックなどの大きな事件もあり、社会にでてすぐに東日本大震災を経験するなど、時代背景としてはあまり明るい話題のない時代を過ごした世代だ。また、IT革新の視点では、中高生でPHSから携帯電話へのスイッチ、スマホを大学生で持った世代で、教育という視点では週休2日制のもと、いわゆるゆとり教育を受けて育ってきた世代である。

今回の志向調査の結果を見ると、自国理解や文化意識（ドミナント意識）、環境意識（エコロジー意識）などの項目では、上位世代を下回る結果となったが、2ヶ国以上で生活したことがあるなどの視点を含むグローバル意識と、シェアリングサービスを利用しているなどのシェア意識は、上位世代を上回る結果となった。さらに、生活満足度を測るライフ意識は、生活の変化を好むという点で上位世代の女性とミレニアル世代女性の間に大きな差が見られたことを除くと、大きな差はなかった（表2－3－1および図2－3－1参照）。定量的に見た場合、上位世代との大きな差がなく、あまり積極的に何かを動かそうとするのではなく、現実を受け入れ、積極性に欠ける一面がある世代と言える。先行研究などで指摘されている内的欲求に忠実であることや、権利主張が強く、リスクを回避する傾向があるという指摘とも合致が見られた。

また、食品購買、住居、就労という視点でみると、食品購買は、SNSのレビュー評価への信頼が高いこと、環境配慮の意識が、上位世代に比べて若干低いことが特徴として見られる（図2－3－2参照）。住居は前項で述べてきたとおりとなり、海外志向が強くなっているという結果はあるけれども、全体的には住居にこだわる傾向が見られなかった。就労は、独立や副業といった個人としての活動に対する意識は高くなっているものの、クリエイティブな業務を避ける傾向と、会社全体の風通しの良さなどより、自分で淡々と進められる仕事を好む傾向が見られた。最後に健康意識については、アプリを活用

ミレニアル人口 2,648万人（人口構成比21%）		詳細項目	項目別概況
【世代を一言で言うと】 情報先行 安定志向タイプ 【一般的に言われる特長】 ・内的欲求に忠実 ・権利主張が強い ・リスク回避志向高い	ドミナント 6.1P（-0.6）	食品購買	SNS などのネット上の評価について、ミレニアル世代は信頼が高い傾向がある。環境配慮などは意識が低い。
	エコロジー 5.9P（-0.6）	住居	シェアリングについての意識は世代に関係なく低いながらも、ミレニアル世代が高くなり、交通インフラ、安全などの意識は低くなっている。
	グローバル 5.2P（+0.5）	就労	グローバル意識は年代に関係なく低い。独立副業については、ミレニアル世代が高く、会社の風通しの良さなどは求めない傾向が見られた。
世代定義の備考 ゆとり世代（1987 年~2004 年生まれ）を中心として、学力が低下しているなどのやり玉にもあがる世代、親の共働きも一般化している世代。	シェアリング 4.8P（+0.6）	健康	ストレス発散の運動や、APP を利用した健康管理については実施傾向が高く、食事のバランスなどの意識は上位世代に比べ低い。
	ライフ 5.7P（+0.）		

各項目のカッコ内は、上位世代との数値比較

出所：株式会社ドゥ・ハウス Global Millennial lab 2018 年 7 月ミレニアル世代 4 ヶ国調査

表 2-3-1　本調査結果における日本のミレニアル世代概要

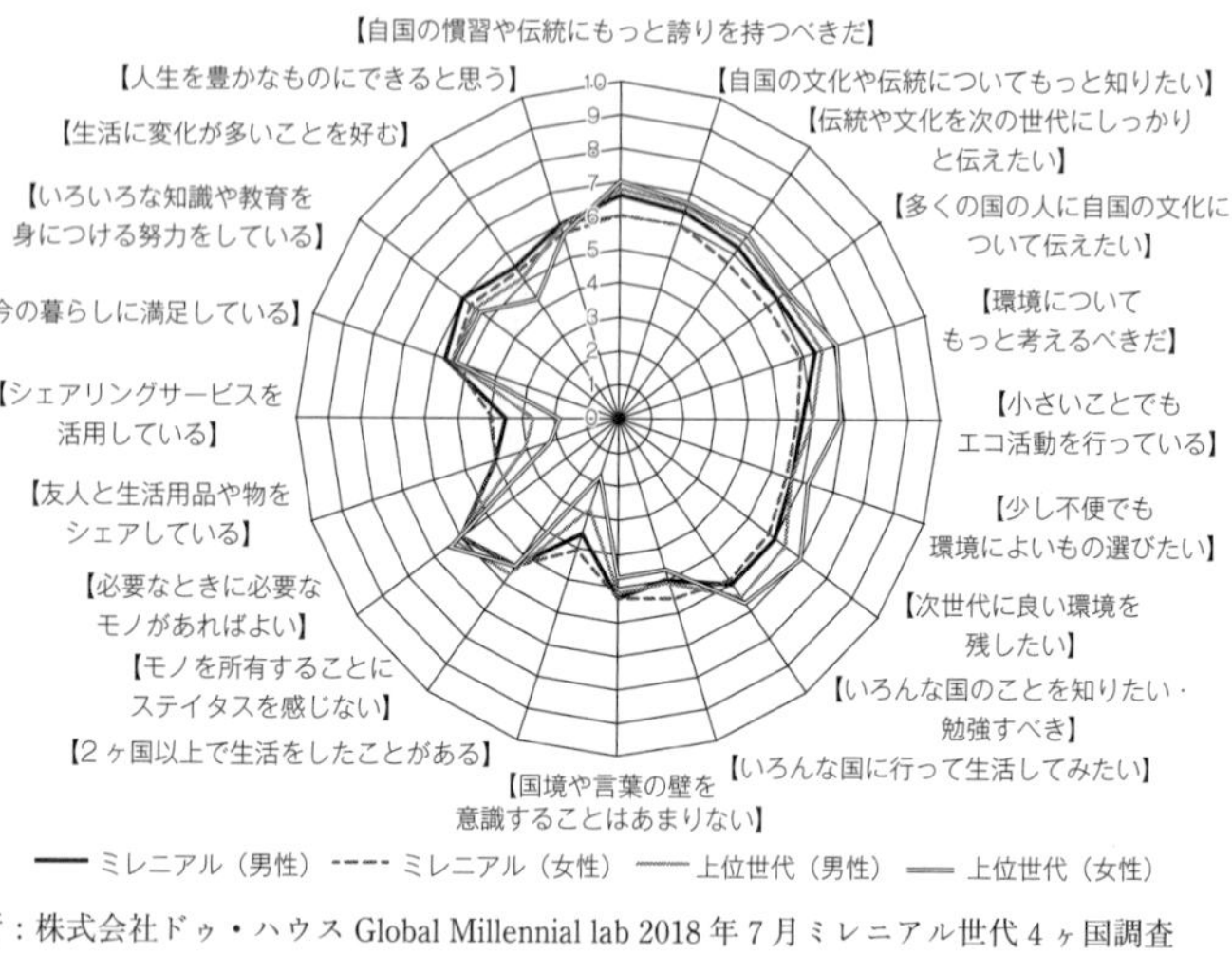

出所：株式会社ドゥ・ハウス Global Millennial lab 2018 年 7 月ミレニアル世代 4 ヶ国調査

図 2-3-1　日本のミレニアル世代の意識（年代比較）

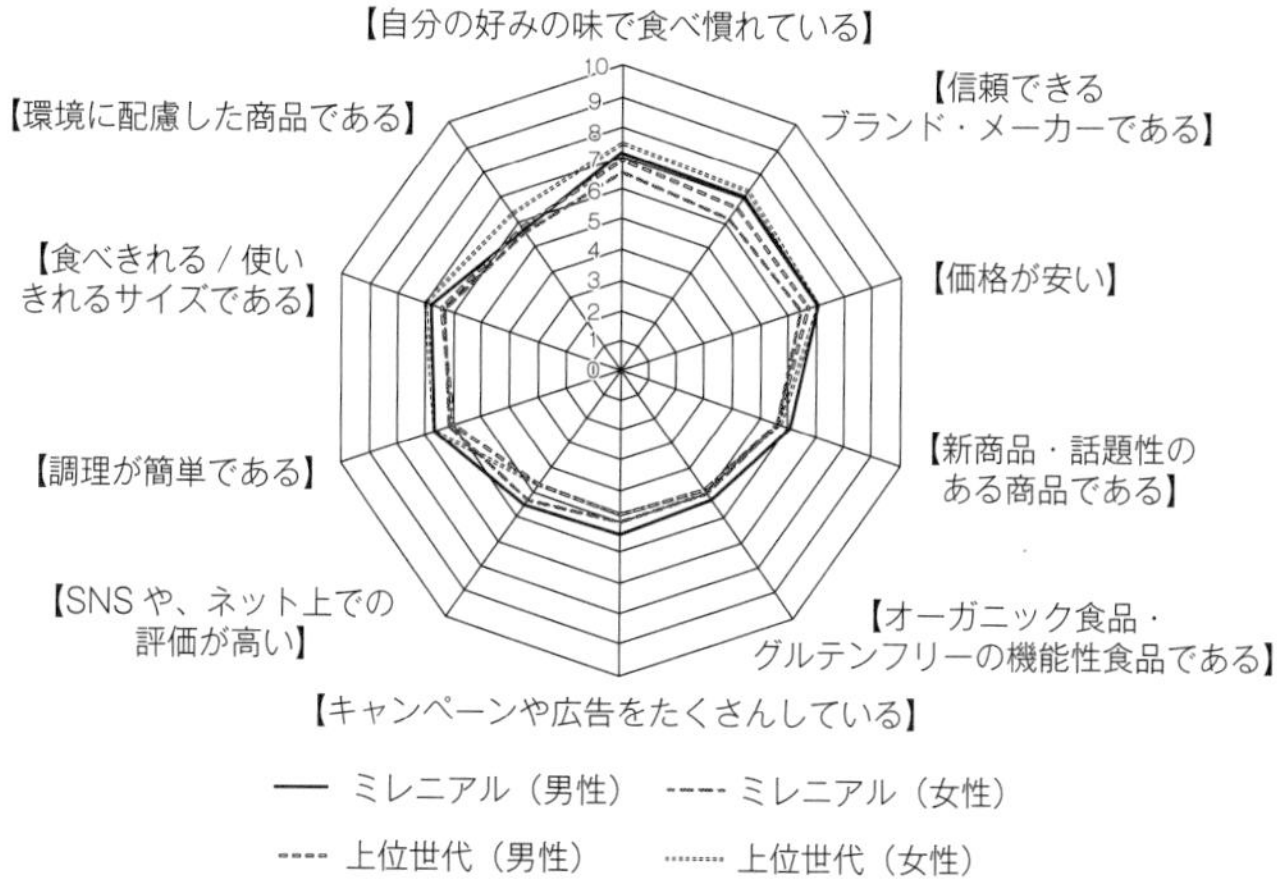

出所：株式会社ドゥ・ハウス Global Millennial lab 2018 年 7 月ミレニアル世代 4 ヶ国調査

図 2-3-2　食品購入の際に意識していることの年代比較（日本）

した健康管理や、ストレス発散のための運動、ボディメイクのための運動や体型を維持する意識が高く、全体的に上位世代を上回る結果となった。一方、上位世代の女性に比べると、栄養バランスの意識で大きく下回る結果となった（図2－3－3参照）。この結果は、上位世代の女性に多い、妻・母親として家族の健康を守ろうとする意識や、日常の買い物、調理頻度の高さといった特徴も反映されていると思われるが、一方でミレニアル世代は社会人になってからも実家で暮らす人が多く、食生活の管理を母親に依存している可能性を感じさせる。今後、食生活の自己管理意識や行動について深

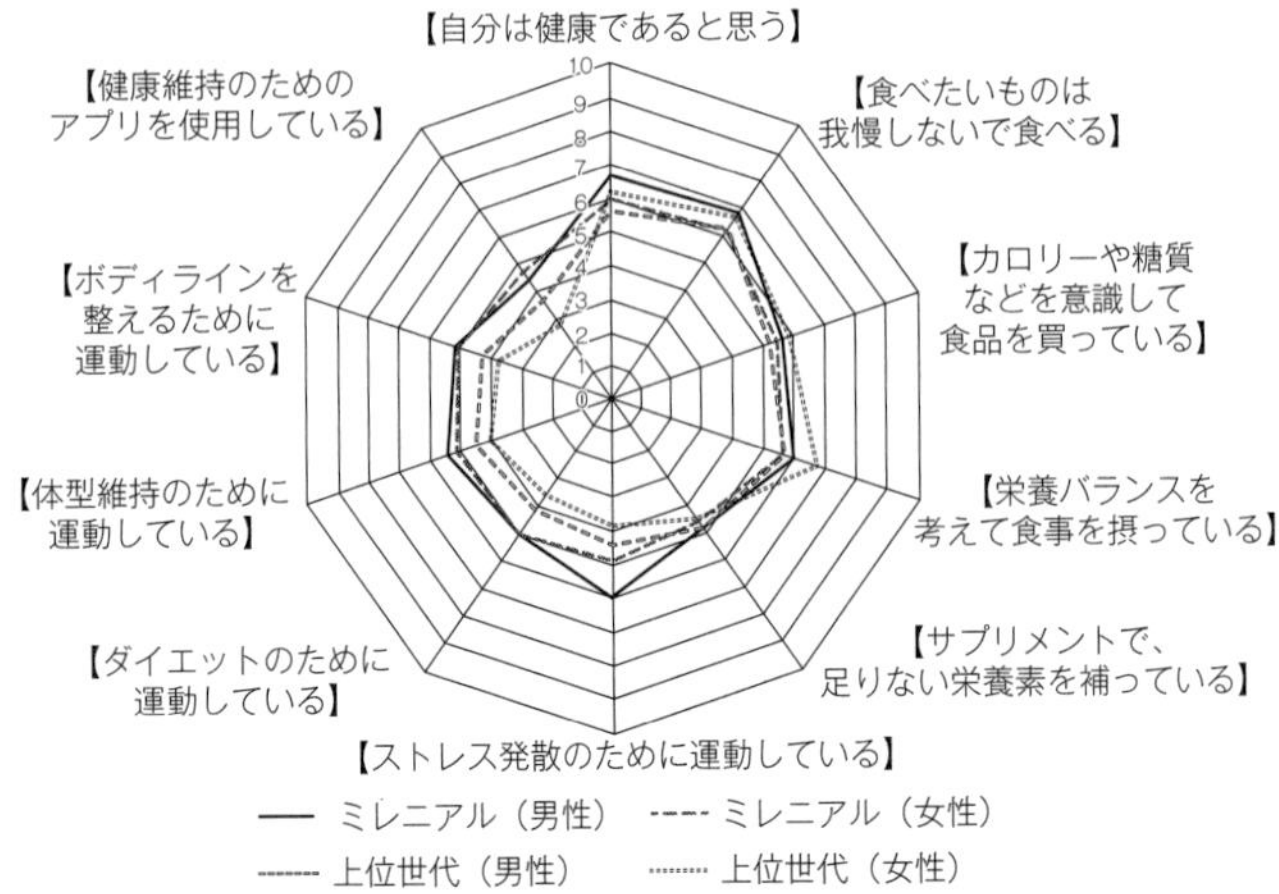

出所：株式会社ドゥ・ハウス Global Millennial lab 2018年7月ミレニアル世代4ヶ国調査

図2-3-3　健康意識の年代比較（日本）

掘りし、彼らがどのように感じているか、どのようなメッセージで自律的な行動を誘発できるのかなどを検証していくことが、新たな機会発見につながるのではないだろうか。

（高橋 康平）

第3章

新しく生まれたモノ／コト／文化／ビジネス

「モノからコトへ」、「所有から利用へ」という「コト消費」は、日本では2016年頃から急速に注目を浴びるようになった。しかしながら、米国では一足早くスタートしている。コト消費をけん引するAirbnb（エアビーアンドビー）が創業したのが2008年、Uber（ウーバー）が創業したのが2009年である。その後、米国ではシェアリングエコノミーが急速に進展した。本章は、その米国でのコト消費の実態と、それに対してさまざまなサービスを提供するスタートアップの実態を生き生きと描く。

同時に、これらのコト消費の主役がミレニアル世代であることが重要である。すでに述べたように、ミレニアル世代は米国において（そして世界全体において）最大の人口規模と最大の消費力を持っている。そのミレニアル世代が「モノからコトへ」大きくシフトしている以上、企業がそれを放っておくわけがない。とりわけ同世代の起業家はミレニアル世代のニーズをよく理解しているので、痒いところに手が届くようなサービスを次から次へと開発し、世に送りだしている。代替肉（植物肉）やサブスクリプションサービスなどはその代表であろう。

SUMMARY & KEYWORDS

シェアリングエコノミーは消費において生じているばかりではない。働き方においても大きく進展している。フリーランスの増大（ギグ経済）やコワーキング、コリビングなどがその代表例である。さらに金融でもクラウドファンディングが急速に拡大している。

【キーワード】シェアリングエコノミー、フリーランス、コワーキング、代替肉（植物肉）、サブスクリプション

1 シェアリングエコノミー（共有型経済）

シェアリングエコノミーは、近年最も注目されているビジネストレンドの1つであり、投資家は2010年以降、230億ドル以上をスタートアップ企業に投資してきている。

シェアリングエコノミーで最も知られている企業としては、空いている部屋や家を貸したい人（ホスト）と部屋を借りたい人（ゲスト）とをつなぐWebサービスの「Airbnb（エアービーアンドビー）」そして一般のドライバーが空き時間と自家用車を使ってタクシーのようなサービスを提供する配車Webサービスの「Uber（ウーバー）」がある。

2016年時点でシェアリングサービスを利用した米国人は4480万人、そして2021年までにはそのおよそ倍の8650万人が利用するようになるだろう、と予測されている。また、市場規模は、2025年までに約3350億ドルにも達すると言われている（図3-1-1参照）。

一般的に、シェアリングエコノミーとは、モノや場所、技術、資金などの活用可能な資産を自分以外の人や組織と共有して利用する仕組みを指し、別名、コラボレーティブ・エ

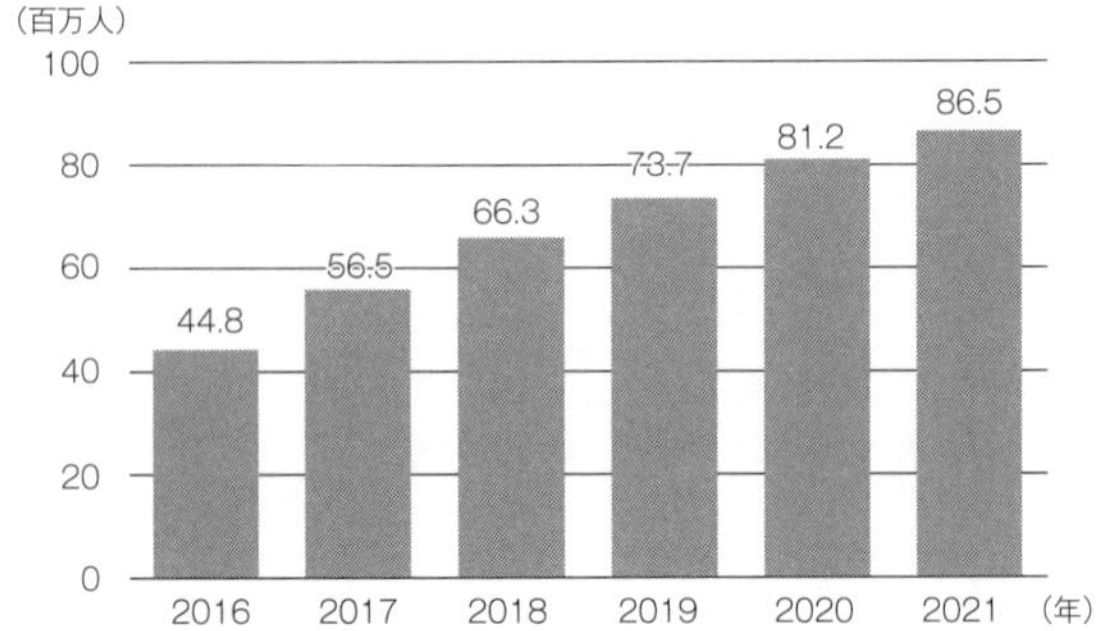

追記情報：ユーザー数とは18歳以上を対象に、コミュニティベースのアカウント、クラウドソーシング、グループ購入、法人向けプロフェッショナルサービス、オンラインマーケットプレイスなどで少なくとも1回は、有料で、物件を借りたり、商品を買ったり、サービス（例：Airbnb、Uberを含む）を利用したりした人の数を示す。

出所：eMarketer社による調査結果 https://www.statista.com/statistics/289856/number-sharing-economy-users-us/（2020年3月10日確認）

図3-1-1　米国におけるシェアリングサービスの利用者数推移

コノミー（協働型経済）と呼ばれることもある。そして、その仕組みには次の6つのカテゴリーが含まれている。

①Collaborative Consumption（コラボレーティブ・コンサンプション：共同消費）

同じような目的を持つ個人や企業が、インターネット上の様々な共有プラットフォームを利用して、共同消費することで成立する。

企業例：「Feather Furniture（フェザーファニチャー）」は、ニューヨークを拠点とする、好みの家具を月単位で使用できるサービスを提供するスタートアップ。創業は２０１８年、現在、ニューヨークとサンフランシスコ、ニュージャージー州でのみサービスを展開している。

これまでにも家具レンタルはあったが、安価なものが多く、デザイン性や機能性に優れた家具レンタルのサービスは存在しなかった。

しかし、生活の質にこだわりがあるミレニアル世代にとっては、生活空間を快適にするインテリアへの需要が高かったため、所有しなくてよい、しかも引っ越しなどで移動するにも便利、そして毎月の支払いがリーズナブルという、Feather Furnitureのような家具レンタルサービスは好評で、一気に成長した。

同社と、ロサンゼルスとシアトルエリアをサービス対象に同様の家具レンタルサービスを提供している「Fernish（フェアニッシュ）」は、自らのサービスを、ファニチャーサブスクリプション、つまり、特定期間の家具の使用権を購入する、という表現をしており、中古品を安価に借りる、というイメージのレンタルとは別の、ラグジュアリー感のあるサービスとして印象付けているのが特徴である。

②Peer-to-Peer Economy（ピアツーピア経済）

仲介者を介さず、個人対個人がモノやスキルを直接、販売したり、購入したりするなど、個人間のやり取りによって成り立っている経済のこと。

企業例：「Task Rabbit（タスクラビット）」は、家事や買い物など、日常的な業務を手伝ってほしい人（＝依頼者）と、その業務を手伝ってくれるタスカーと呼ばれる人をマッチングさせるという、個人のリソースをシェアするスキルシェアサービスを提供する企業で、２０１７年にIKEAに買収された。

同社は２０１６年にIKEAの販売する家具の運搬や組み立てをサポートするサービスを開始していたこともあり、そのサービスの延長として、IKEAがシェアリングエコノミーに参入した形である。今後、IKEAは家具のサブスクリプションも検討しているという報道もあり、IKEAのようにシェアリングエコノミーに参入する企業は増加するとみられている。

③Freelancing/Gig Economy（フリーランス／ギグ経済）

恒久的な仕事とは違い、短期的な雇用契約、またはフリーランスの仕事の普及によって成立する経済形態を指し、インターネットを通じて単発の仕事を受注するなどのアウトソーシングのマッチングなども含まれている。

企業例：「UpWork(アップワーク)」は、グローバルな専門職の人材に仕事を直接依頼できるフリーランシングサービスで、Web開発者から、デザイナー、ライター、会計など一般的な職種はほぼ網羅されている。2015年にサービスを開始し、5年目を迎える同社は、フリーランシングサイトとしては世界最大規模となっており、フリーランスの登録数は1000万人を超えている。

オンデマンド人材マッチングサービスでは、人材を必要とする前日、または当日にも仕事が依頼できるというサービスを提供する「Wonolo（ウォノロ）」がある。同社のユーザー登録数は10万人以上と言われ、雇用側の求人企業は1000企業以上となっている。サービスの特徴は、スピーディーなサービスに加えて、仕事の依頼と人材のマッチングの際に、性格診断と共にAIで最適な人材をランク付けして依頼者にその通知を送る、という仕組みにある。

米国ではフルタイムの仕事を希望していても、パートタイムでしか雇用されていない人が、およそ520万人いると言われており、また、逆にフルタイムではなく、フリーランスを希望するミレニアル世代も多く存在することから、今後も、フリーランシングサービスによる人材派遣市場の拡大は続くだろう。

④ Crowdfunding/Crowdsourcing（クラウドファンディング／クラウドソーシング）

不特定多数の人がインターネットを活用して、ほかの人々や組織に対して財源の提供や協力などを行う、というビジネスモデルである。

企業例：「Kickstarter（キックスターター）」は、クリエイティブなプロジェクトを支援するクラウドファンディングによる資金調達をWebで行うプラットフォームである。2019年に10周年を迎えた同社のサービスは、これまでにおよそ40億ドルを超えるファンディングを実現させ、中でもゲーム開発プロジェクトへの支援額は10億ドルと最も大きな規模のファンディングとなっている。同社は、2019年4月、出版社の講談社とパートナーシップを結び、日本のクリエイターの世界発信と世界のクリエイターの日本での展開を支援する協業プロジェクトをスタートさせている。

⑤ Coworking（コワーキング）

コワーキングは、独立した個人が価値観を共有する者同士でワーキングスペースをシェアしたり、イベントを通じて交流したり、コミュニティを形成するビジネスモデル。

企業例：「The Wing（ザウィング）」は、ニューヨークを拠点に展開する女性専用のコワーキング&コミュニティスペースで、現在、ニューヨークに3ヶ所、ワシントンDC、サンフランシスコにそれぞれ1ヶ所展開している。サービス開始は2016年だが、2018年10月時点でメンバーが6000人となり、その数を順調に増やしている。今後はイギリスやカナダを含めた世界5ヶ所に展開を拡大する予定である。

女性専用のコワーキングスペースとしての特徴は、女性が働きやすい環境の整備が挙げられる。メイク室やシャワールームのほか、授乳室、「The Little Wing（ザリトルウィング）」という名のチャイルドケアースペースも完備している。会費は、ロケーションによって違うが、月額で185ドル、年間契約の場合は、2100ドルからとなっている。会員同士のネットワーキングイベントも定期的に開かれている。

コワーキングスペースの最近のトレンドでは、デザインやITなど専門性のある業界用のスペースを展開するところが増えてきている。2019年3月には、コワーキングスペースで最も知られている「We Work（ウイワーク）（2019年1月にThe We Company に改称）」が、食品関係者をターゲットにした「We Work Food Labs（ウイワーク・フードラボズ）」をニューヨークに新たに開設している。

⑥ Cobranding（コブランディング）

異なる製品カテゴリーに属する複数の企業が協働して、共通あるいは複合したブランドを構築することを意味するビジネスモデルのこと。

コブランディングの利点は、それぞれの顧客を互いに獲得することで、市場における認知度を向上させ、また相乗効果による売上増加も見込めるという。

企業例：コブランディングキャンペーンの成功事例としては、自動車メーカーのBMW（ビーエムダブリュー）とヨーロッパの高級ブランドLouis Vuitton（ルイ・ヴィトン）が「The Art of Travel」をテーマに展開したキャンペーンが挙げられる。このキャンペーンでは、BMWはスポーツカーモデルを発表、Louis Vuittonは車のトランクルームにぴったり収まるスーツケースとバッグのセットを発売し、高級感と高品質、そして革新的デザインという共通するブランド価値観を訴求した。これは、高級コブランディングプロジェクトとして注目を浴びた。

そのほか、Uber（ウーバー）と音楽ストリーミングアプリのSpotify（スポティファイ）によるコブランディングが挙げられる。Uberの顧客でSpotifyの利用者が、Uberに乗車している間、Spotifyにある自分の好みの曲を聴くことができるという仕組みにより、乗車体験の向上が実現している。


ミレニアル世代に人気のシェアリングエコノミー「アグリフッド」と「コリビング」


農業を基盤とした住宅コミュニティ「Agrihoods（アグリフッド）＝Agricultural neighbourhoods の略」が全米に広がっている。

全米に150以上あるとされているアグリフッドは、共同の農地で野菜や果物を収穫し、共同キッチンで料理を楽しむ、そんな農園体験を核とした住居コミュニティのこと。食や環境への意識が高く、健康的な暮らしに興味を持つミレニアル世代を中心に、大都会近郊に住みながら、農園と現代的な利便性を兼ね備えた暮らしが実現できるアグリフッドの人気は急上昇中である。

一般的なアグリフッドは、農園と住居スペース（一軒家やタウンハウスを含む）のほか、共同施設として、プールやハイキングコース、公園、クラブハウス、コーヒーショップなどの店舗を敷地内に設置している。

また、ここ数年で話題となってきているのが、「Co-living(コリビング)」。仕組みとしては、週や月単位で好きな場所で暮らすという、移動が自由自在にできる暮らし方をサポートするものである。サービス企業では、マイアミ、バリ、サンフランシスコ、東京、ロンドンにコリビングスペースを展開する「ROAM(ロアム)」や、ワーキングスペースとリビングスペース(働く場所と住む場所)の両方を組み合わせた、ベルギー拠点の「CoWoLi(コワリ)」などがある。

所有から共有へ、年々拡大するシェアリングエコノミーは、今後も、働き方や消費者行動に様々な影響を及ぼしていくことは間違いなく、また、新しいサービスも続々と誕生してくることから、注視が必要である。

2 Foodie（食へのこだわり）

米国で年間500億ドル（約5兆円／2017年）の市場規模と言われる、オーガニック食品の最大の購買層はミレニアル世代。特にネット通販での購買が増えている。

米国マーケティング会社NPDの調査によると、この10年間で、米国の40歳以下の1人当たりの生野菜消費は52％も増加、冷凍野菜は59％増加した。

そして、米国の有機食品促進団体「OTA（オーガニック・トレード・アソシエーション）」が実施した調査によれば、ミレニアル世代の40％はオンラインショッピングで食品を買うとし、そのうち20％はオンラインで購入したオーガニック食品の品質が良いと感じ、10％はオンラインでのオーガニック食品の購入が便利だと感じているという。また、10％は、オンラインでの購入がオーガニック食品を購入する機会を増やしていると回答していることから、ミレニアル世代のオンラインショッピングの利用頻度が増加している現状においては、その増加に伴いオーガニック食品の消費も増大すると予測されている。

さらに、OTAの調査において、オーガニック消費の傾向について、子供を持つミレニ

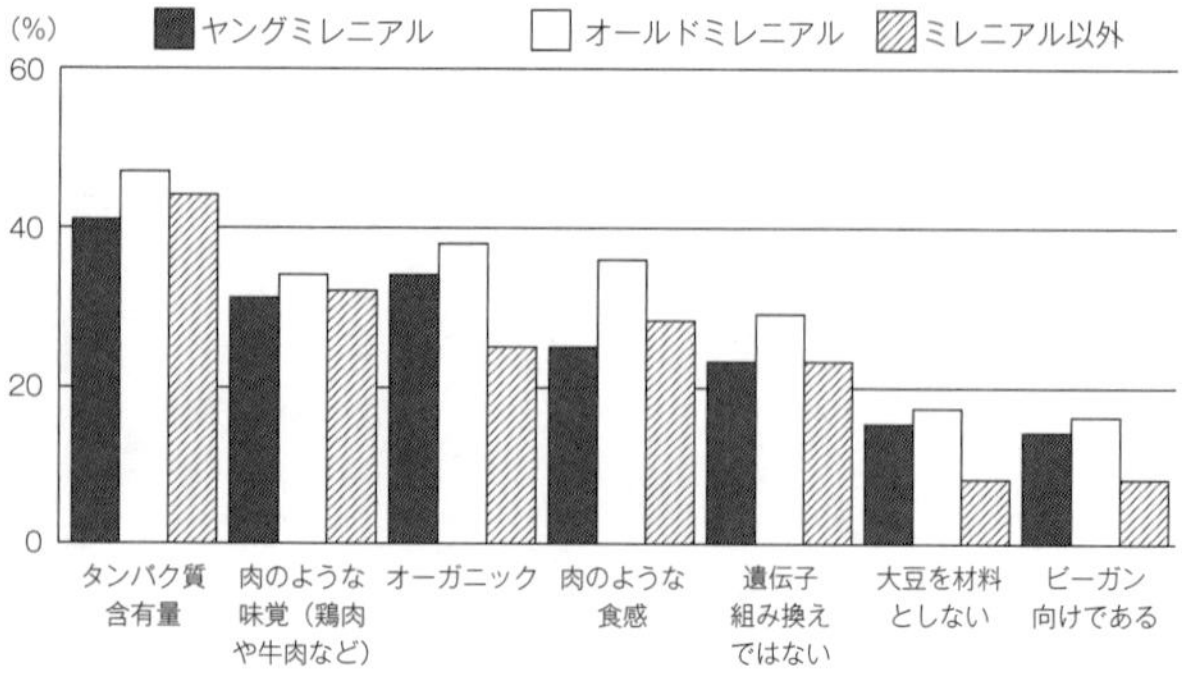

出所：Medium ホームページ
https://medium.com/@flaviorump/how-to-make-meat-alternatives-consumers-want-long-post-lots-of-data-3d87244250c4（2020年4月5日確認）

図 3-2-1　世代別・代代替肉を購入する際に重要視すること

アル・ペアレントが子供の健康に気を遣ってオーガニック食品を積極的に選ぶ傾向が強いことも明らかになっており、その点を考慮すると、80％のミレニアル世代が子供を持つとされる今後10年から15年後までの期間、オーガニック食品のニーズが高まっていくことは、ほぼ間違いなさそうである。

オーガニック食品以外で、健康的な食生活のための食選びでミレニアル世代が意識しているのは、タンパク質の摂取である。

マーケティング会社「Acosta（アコスタ）」の調査によると、ミレニアル世代の81％は、食品を購入する際に「Protein（プロテイン）：タンパク質」がその食品に含まれていることがとても重要なポイントとなる、と回答している。タンパク質の摂取への意識が向上する中、米国の外食産業では、メニューに料理名ではなく、メニューに含まれるタンパク質食材の種類や量を強調しているケースも少なくない。

また、近年タンパク質の摂取において注目されているのは、肉ではなく、植物性由来の代替肉（植物肉）である（図3-2-1参照）。ここ数年、米国ではベジタリアンの増加が顕著だが、ベジタリアンやビーガンと呼ばれる、動物性食品を摂取しない菜食主義の流行を後押ししているのはミレニアル世代で、彼らのおよそ26％が自身をベジタリアン、またはビーガンであると称し、1週間のうちディナー4食はベジタリアンメニューを食している、という。リサーチ会社のMarkets and Marketsによると、代替肉の市場は、2018年におよそ46億ドルに達し、2023年には64億ドルに拡大するだろうと推測されている。米国の代替肉メーカーとしては、Beyond Meat（ビヨンドミート）やImpossible Foods（インポシブルフーズ）などが有名である。

業界が注目するミレニアル世代が生みだした食トレンド

米国史上最も巨大な消費力を発揮すると言われている、ミレニアル世代の食市場への影響は計り知れず、多くの食品メーカー、外食産業が彼らの食動向を調査してきている。そして、どの世代よりも健康意識が高く、食産業の社会や環境への影響についても注意を払う彼らは、米国の食文化に大きな変化をもたらしている。そこで、ここでは、先に記述した野菜の摂取量の増加や代替肉の売上向上以外に、ミレニアル世代が生みだした食トレンドの中から、もっとも注目されている2つのトレンドを紹介したい。

新しい健康スナックブーム〝ヘルシー・スナッキング〟

フォーブス誌の調査によると、94%の米国人が1日に1回から2回スナックを食べているのに比べて、ミレニアル世代は、1日に4回以上スナックを食べている人が25%もいることが分かっている。また、ニールセンが2012年から2016年にかけて行った調査によると、米国のスナック市場が年平均10%の成長をしている中で、もっとも成長したカテゴリーは、体重管理やエナジー補給などを目的とした「健康バー」であった。

ほかの調査でも、シリアルやグラノラバー、ナッツ、ドライフルーツなどの健康的なスナックの売上の伸びが顕著であったとのことで、健康スナック需要をけん引するミレニアル世代の影響がうかがえる（図3-2-2参照）。

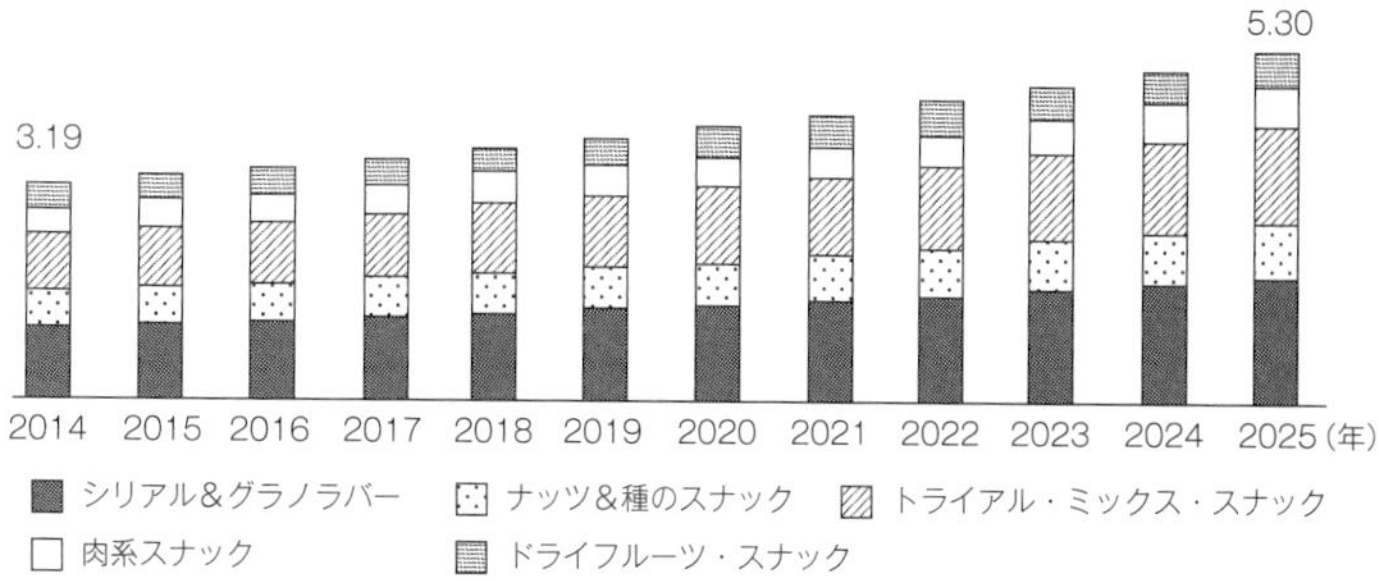

出所：Grand View Research 社ホームページ
https://www.grandviewresearch.com/industry-analysis/healthy-snack-market（2020 年 4 月 5 日確認）

図 3-2-2　米国の健康的なスナックの市場規模（製品別）（単位 10 億米ドル）

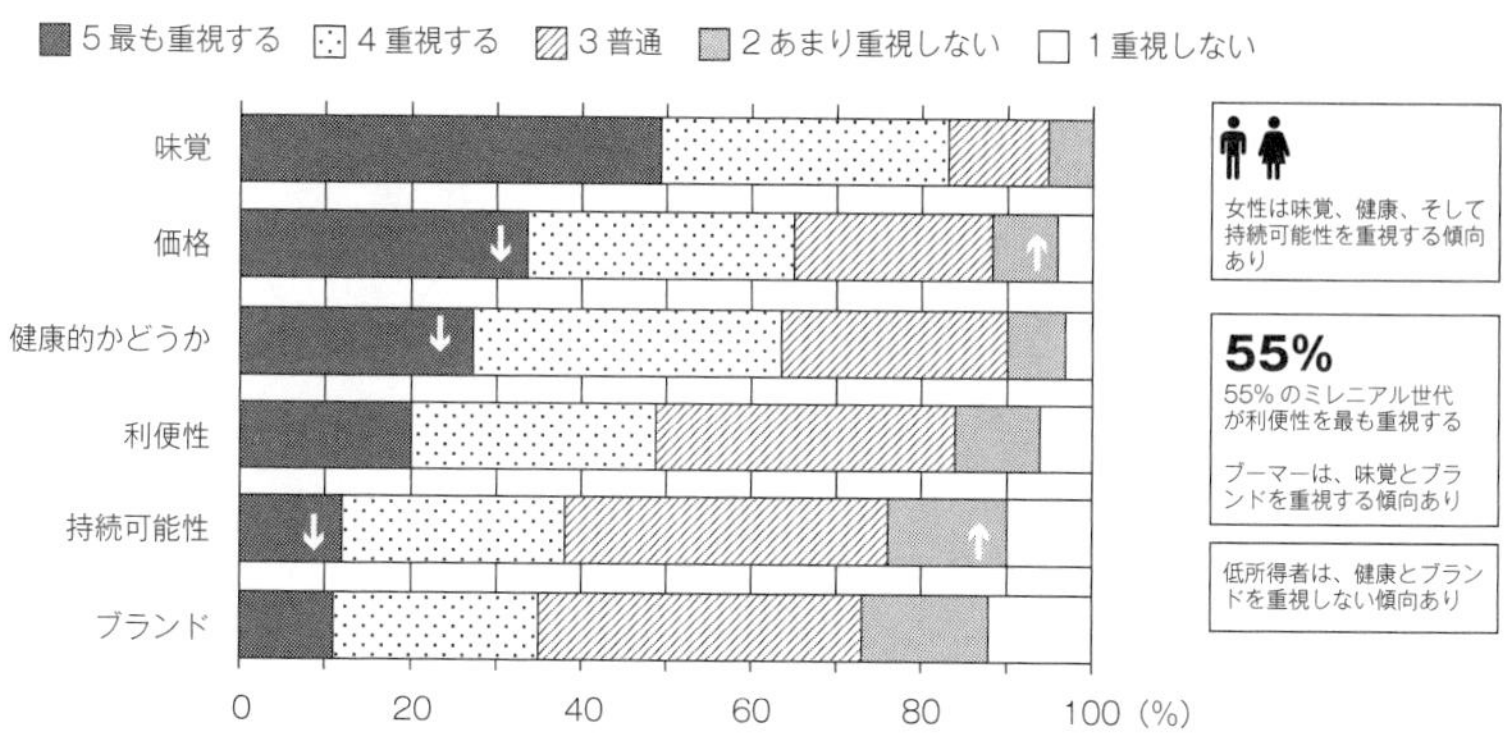

出所：国際食品情報協議会による調査
https://foodinsight.org/2017-food-and-health-survey-a-healthy-perspective-understanding-american-food-values/（2020 年 4 月 5 日確認）

図 3-2-3　食品を購入する際に重視すること

さらに、ミレニアル世代がスナック食品を選ぶ際、彼らは原材料とその原産地、栄養素と味覚、さらにはスナックメーカーの環境への貢献度なども考慮していることが明らかになっている（図3－2－3参照）。

健康スナックのブームは、大手スナックメーカーの商品開発においても、様々な影響を及ぼしているが、とりわけ新商品の開発、発売においては、ミレニアル世代が立ち上げるスタートアップが好調である。

たとえば、食事代わりに手軽に摂れるタンパク質を求めるミレニアル世代に人気が高く、また原始人の食生活を真似た「パレオダイエット」を行う際にも食べられる、いろいろな肉を干したヘルシージャーキーが数多く発売されているが、その中で注目されているのは「Epic Provisions（エピック・プロビジョンズ）」だ。

世界で初めて100％草食肉にこだわったヘルシージャーキーを発売して話題になり、斬新なパッケージデザインと、素材へのこだわり、そして、原材料に関する詳細情報の開示や生産者の顔の公開など、透明性の高い企業経営の姿勢が、多くのミレニアル世代に支持され、急成長を遂げているブランドである。

また、ミレニアル世代はヘルシーなスナックが常備されている職場環境を好む傾向があり、米国のオフィスの25%が無料でスナックを提供している現状の中、ヘルシーなスナックを定期的に企業に届ける「Snack Nation（スナックネイション）」が好調に売上を伸ばしている。2014年に創業した同社は、現在はオフィスに限らず、家庭にもスナックを定期的に届けている。

同社は、最近新しく、6種類のスナックを1ドルと送料の3・99ドルで各家庭に届けるというサブスクリプションサービスも始めた。このプログラムでは、購入者は毎回アンケートに答えなければならない仕組みになっていることから、スナック企業を対象とするリサーチとプロモーション機能を兼ねたサービスと言える。

利便性重視による新たな食サービスの登場

2017年、国際食品情報協議会が実施した調査「2017 Food and Health Survey」によると、ミレニアル世代の55%は、食品を購入する際に利便性を最も重視しているという。また、食に関するニュースを発信する「The Spoon（ザ・スプーン）」の調査では、ミレニアル世代はレストランからのデリバリーサービスを利用する頻度が多く、30歳以下の36%が地元のレストランからのデリバリーを利用した経験があった、と報告した。

利便性を重視するという点では、ミレニアル世代に人気が高いミールキットのサブスクリプションビジネスやフードデリバリービジネスが年々市場規模を拡大させ、新たなサービスを生みだしている。

たとえば、毎日コーヒーを飲む人の割合は、ヤングミレニアル世代に当たる18歳から24歳で48%、オールドミレニアル世代は58%であることから、スターバックスは、利便性を重視するミレニアル世代の需要を伸ばすため、2019年から約2000店舗でウーバーイーツを活用しデリバリーサービスを導入すると発表している。実際、スターバックスの店舗内で受ける注文は、全体の売上の半分でしかない、という現状であるため、デリバリーサービスを開始することで、売上の向上が見込めると考えているようである。

ミールキットのサブスクリプションでは、ヘルシーな冷凍食品を定期購入するサービスの「Daily Harvest（デイリーハーベスト）」が打ちだした〝Farm-Frozen（ファーム・フローズン）〟というコンセプトが面白い。通常、冷凍食品は不健康なイメージが強いが、同社が提供する冷凍食材は、旬の時期に収穫された野菜や果物を、収穫後すぐに下処理を行い冷凍しているので、鮮度も栄養価もベストな状態なのだという。

同社のシステムはいたってシンプルで、週単位、または月単位で期間を選び、週単位の購買であれば1食（1カップ）7・49ドル、月単位であれば1食（1カップ）6・99ドルをベースに、スムージー、スープ、サラダのメニューから自分の好みで必要なカップ数だけ注文する。そして、冷凍食ミールが届いたら、スムージーであれば材料をミキサーに入れてブレンドするだけ、スープならば加熱するだけ、サラダはそのまま食器に入れるだけで食事の準備が完了する。利便性が高く、さらにヘルシー、食材にもこだわった、同社のサービスは、働く女性たちの間であっという間に話題になり、起業から2年後には全米でのサービス展開がスタートしている。

3 サブスクリプションボックス

モノがあふれた時代に生まれ育ったミレニアル世代は、モノを所有することよりも、経験することに価値を見いだし、体験型の消費をする世代として知られている。そして、そんな彼らの消費嗜好を背景に、急激な成長を遂げたのが、「サブスクリプションボックス」と呼ばれる定額制サービスである（図3－3－1参照）。

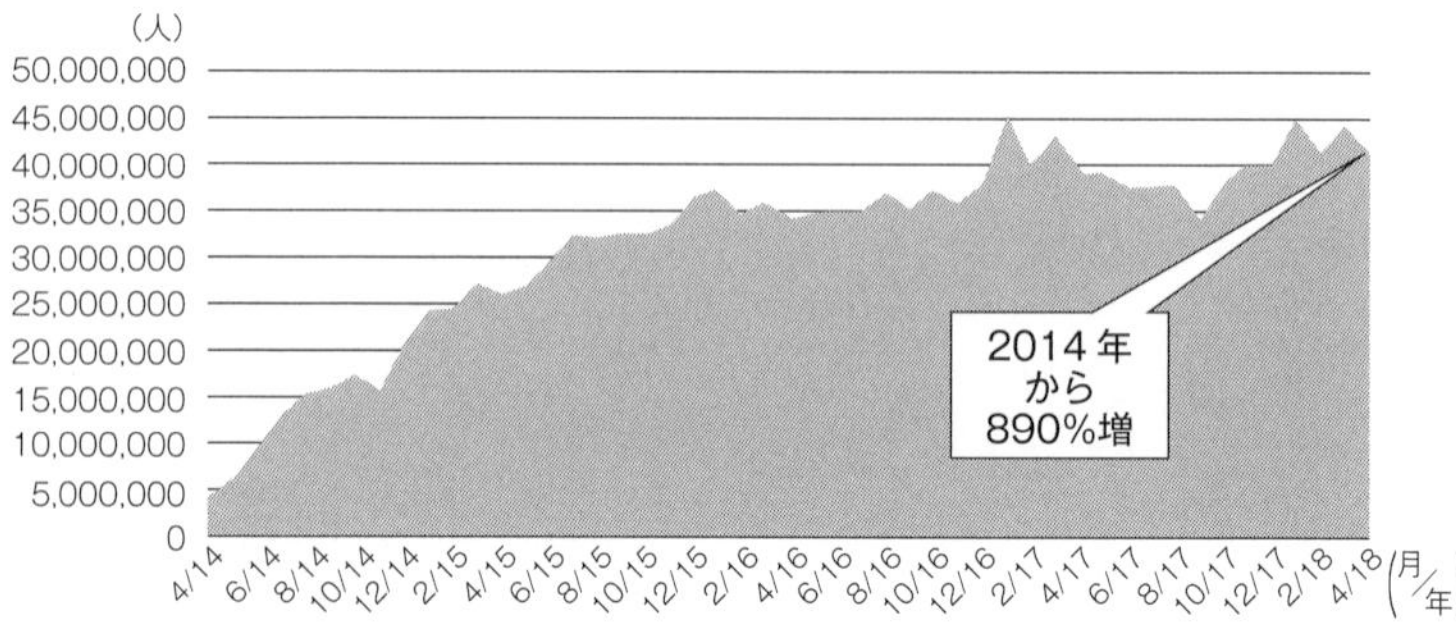

出所：Forbes 2018年5月30日の記事より
https://www.forbes.com/sites/richardkestenbaum/2018/05/30/the-subscription-box-business-continues-to-grow-and-change/#4391759d2c3e（2019年5月5日確認）

図3-3-1　サブスクリプションボックスウェブサイトの月間訪問者数推移（2014年から2018年）

サブスクリプションボックス市場が注目を浴びるようになったのは、化粧品のサンプル品をセットにして自宅に届けるサービス「Birchbox（バーチボックス）」がスタートした2010年頃からで、現在の市場規模は、サービス提供企業600社以上、売上は26億ドル（約2600億円）を超えると言われている。

流行のきっかけをつくった「Birchbox」の利用者数は80万人を超え、現在の売上は96億円を超える勢いで成長を続けている。

サブスクリプションボックスのビジネスモデルは、消費者が選んだ商品、もしくは消費者の好みなどに合わせた商品を企業が選び、その商品を定期的に消費者の自宅に届けてくれる定額制。化粧品以外では、洋服や食品、生活雑貨、クラフト材、などが含まれる。サブスクリプションボックスが成功した要因は、その特徴が、ミレニアル世代の欲する購買体験そのものであったからだと言えるだろう。

1つめには、サブスクリプションボックスは、明確なテーマやコンセプトに沿ってキュレートされた商品を提供しているサービスであるため、顧客は、自身が興味を持っているものだけを入手できるという点で無駄がなく、効率的かつ利便性の高い買い物ができることが挙げられる。

2つめには、購入者の興味が明確であるために、サブスクリプションボックス企業も、購入者が共鳴できるコンテンツの発信や、購入者が期待する購買体験を確実に提供できていること。

最後に、定期的な購買データから得られる、購買者データの分析により、購買者の好奇心を満足させられる、驚きと充実感（喜び）を与えられるサービスの実現が可能になること、である。

ミレニアル世代による消費の拡大に比例して、毎日、新しいサブスクリプションボックスのビジネスが誕生している米国。最近では、小売大手の「Target（ターゲット）」や

「Walmart（ウォールマート）」、さらには次に述べるように、BMWのような自動車会社もサブスクリプションサービスへの参入を始めており、今後も、より細分化されたターゲットを狙う、ユニークなサービスが続々と登場してくると予測されている。

車のサブスクリプションサービスが勢ぞろいした2019年

2019年のパイロットプログラムあたりから、車のサブスクリプションサービスが話題に上ってきたが、自動車会社が実施したり、自動車会社以外が参入を決めたりと、いよいよ動きが本格的になってきた。

米国では現在、BMW、Cadillac（キャデラック）、Volvo（ボルボ）、Lexus（レクサス）、Porsche（ポルシェ）、Mercedes Benz（メルセデスベンツ）、Audi（アウディ）、Genesis（ジェネシス）がすでにサブスクリプションサービスを開始している。

また、自動車会社自らのサブスクリプションサービスではない、中古車のサブスクリプションサービスを専門に扱う「Canvas（キャンバス）」「Flexdrive（フレックスドライブ）」「Less（レス）」「Borrow（ボロウ）」や、レンタカーサービスの「Herts（ハーツ）」もサブスクリプションサービスへの参入をスタートさせている。

まだサービスの提供が始まったばかりの車のサブスクリプションは、各社試行錯誤の段階で、サービス内容はそれぞれで異なっている。

たとえば、BMWのサブスクリプション「Access By BMW」の場合、車種のグレードによって、3つのプログラムが設定されている。4から5シリーズのBMWのサブスクリプションは月額1399ドル、その上のグレードは2699ドル、3シリーズとその下は、1099ドルと価格が設定され、この金額には、保険代や故障時のサービス費用が含まれている。利用者は、専用のモバイルアプリで申し込めばいつでも車に乗れる仕組みになっている。なお、このサブスクリプションは、2019年6月時点ではテネシー州ナッシュビルエリアのみで利用可能である。

詳細が明らかになっていないLexusの場合は、利用期間を2年間、マイレージを2万マイルと限定する方向で調整中と報道されている。

また、Flexdriveは、1週間単位で利用できるサブスクリプション方式で、利用期間の限定はない。費用には、保険代、ロードサービスなどすべてが含まれており、利用者が支払うのはガソリン代だけである。価格は、1週間400ドルから1000ドルまで分類されていて、予算に合わせて車を選ぶことができ、同サービスは、現在12の州で利用することができる。

人気のサブスクリプションボックスは美容と健康関連が多い

毎日のように、新しいサブスクリプションが登場している中で、もっとも人気が高く、売上を伸ばしているのは、総じて、美容と健康に関連するもの、または利便性と経済性を重視するもの、のどちらかに属するサービスが多い。

McKinsey & Company社が２０１８年に実施した調査によると、サブスクリプションの利用者の多くは25歳から44歳の年齢層に含まれ、年収は、５万ドルから10万ドル、都会に住む人が多く、オンラインショッピングの利用者のうちの15%が、１つ以上のサブスクリプションに申し込んでいることが分かっている。

サブスクリプションボックスには、利用者の興味や嗜好に合わせて、企業が利用者に推薦できる商品を選んで送る″Curation-Based：キュレーション・ベース″のタイプと、おむつやサプリメントなど、毎月決まった商品が送られてくる″Replenishment-Based：リプレニッシュメント・ベース″のタイプがあるが、サブスクリプション利用者の55%は前者のキュレーション・ベースを利用しており、自身の興味や嗜好に合わせた、パーソナラ

出所：筆者撮影

化粧品サンプルをセットして毎月 10 ドルで定期的に顧客メンバーに送付するサービスでスタートし、2014 年初めての実店舗をニューヨークソーホーにオープンした。棚には、タブレットが設置され、メンバーは自分の肌質や髪質に合わせた商品に関する情報を見ることができる。また、１Ｆに実際の商品を試せるトライアルバーがあり、地下のサロンではプロからのネイルやヘアスタイリングのサービスも受けられる。

図 3-3-2　ニューヨークソーホーの Birchbox 店舗

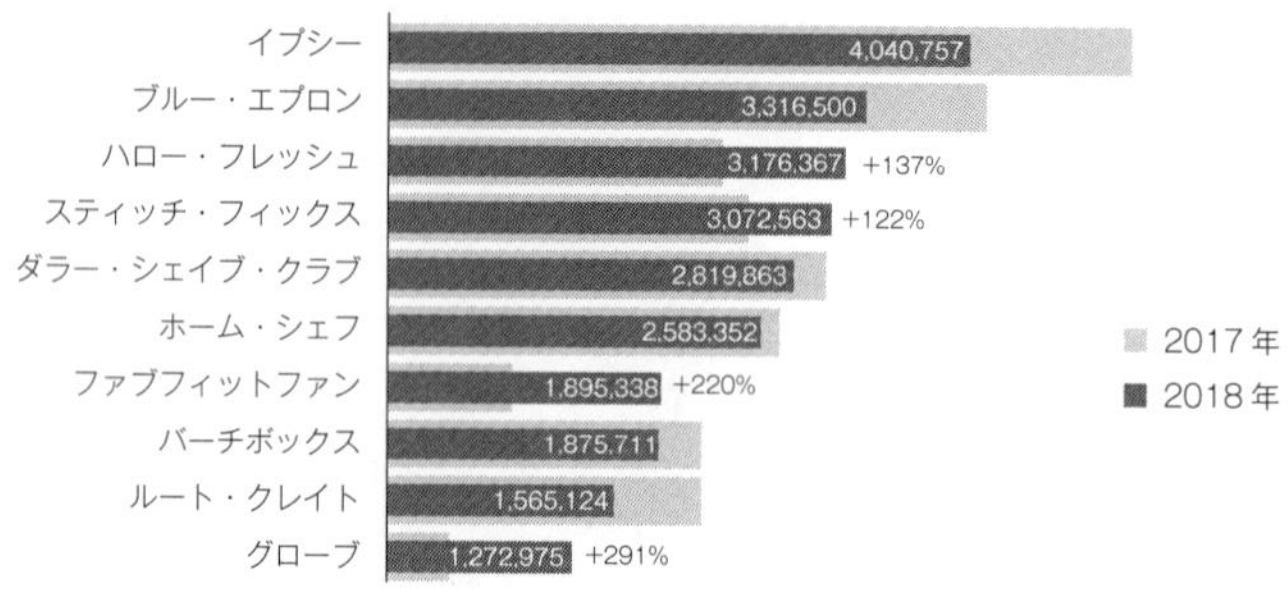

出所：Forbes誌　2018年5月30日記事
https://www.forbes.com/sites/richardkestenbaum/2018/05/30/the-subscription-box-business-continues-to-grow-and-change/#2121211e2c3e（2020年4月4日確認）

図3-3-3　サブスクリプションサービスのウェブサイトの月間訪問者数（人）（2017年4月と2018年4月）

イズドな体験を期待して、サブスクリプションを利用していると言える。

サブスクリプションのブームの火付け役となった「Birchbox」は、現在も利用者数は増え続け、2018年時点で100万人を超えている。月額13ドルから15ドルを支払うと、毎月、自身の好みや肌質にあった化粧品のサンプルが送られてくるサービスは、利用者にとっては、実際に商品の使用を始める前に〝お試し〟ができるという利点があり、企業側にとっては、見込顧客をターゲットにサンプリングプロモーションを有料で実施できるという利点がある（図3‐3‐2参照）。

同調査で発表された、2018年に最も人気が高かったサブスクリプションは、美容関連の「Ipsy（イプシー）」と「Birchbox（バーチボックス）」、食材がセット（ミールキット）になって届く「Hello Fresh（ハロー・フレッシュ）」、そして、AI＋人間のスタイリストがそれぞれの好みに合わせて選んだアイテム5点を届けてくれる、洋服の月額サブスクリプションサービス「Stitch Fix（スティッチ・フィックス）」、ヒゲ剃りの替刃が定期的に届くサブスクリプションサービを提供する「Dollar Shave Club（ダラー・シェイブ・クラブ）」の5社であった（図3-3-3参照）。

サブスクリプションボックスサービスは今後も増え続けると予測され、Birchboxのような実店舗の展開や、コブランディング活用による顧客の囲い込みなどにより、小売業への影響が続いていくだろう。

（藤原 栄子）

第4章
米国企業のミレニアル世代への取り組み

SUMMARY & KEYWORDS

米国ではトランプ大統領による女性蔑視発言や国籍・民族・人種・宗教などに対する差別発言、LGBTQ+などの性的指向の多様性に対する無理解がマスコミで話題になっているが、米国における（そして世界の）ミレニアル世代の多くはその反対方向の考え方を持っている。この章では、そのようなミレニアル世代をターゲットとした新しいビジネスを紹介する。多くの事象が米国を起点にして世界に広まることを考えると、米国における新ビジネスの現況を理解することは日本企業にとっても大いに参考になる。

The Phluid Projectはマンハッタンでジェンダーフリーショップを展開している。単に男女共用の物品を売るだけでなく、会社名に表れているように真のジェンダーフリー社会を目指している。シアトルのMiiRはウォーターボトルを製造販売しコーヒーショップを経営している、ギビング・プロジェクトの代表例である。加州の南部に本拠地を置くSucculent StudiosはThe Sillというオンラインショップも営んでいるが、単なる多肉植物（サボテン）の物販店ではない。ニューヨークのWarby ParkerはDNVB（Digital Native Vertical Brands）の代表例である。カンザスシティのKC Wineworksは女性ミレニアルに焦点を絞り、Ripple Streetはローカルなコミュニティをビジネスに活かしている。

【キーワード】ジェンダーフリー、LGBTQ+、Bコーポレーション、DNVB、リテールテイメント

1 世界初のジェンダーフリーショップ「The Phluid Project（ザ・ヒュルイド・プロジェクト）」

若者の最新トレンド発信地として知られるニューヨークのマンハッタン・ソーホーの北東、ノーホー地区に、世界初のジェンダーフリーをテーマにしたフラッグシップストア「The Phluid Project（ザ・ヒュルイド・プロジェクト）」が2018年にオープンした（図4－1－1参照）。

出所：筆者撮影

図4-1-1　ニューヨークにあるThe Phluid Projectの店舗の外観

オーナーであるロブ氏は、下着ブランドVictoria's Secret（ビクトリアズ・シークレット）のゼネラル・マーチャンダイズ・マネジャーや、ナイキやコンバースの子供服を展開するHaddadでCPO（最高開発責任者）を務めるなど、30年以上にわたってファッション業界に携わった経歴を持つ。大手百貨店Macy's（メイシーズ）では、商品開発&仕入れ部門の最高責任者であるゼネラル・マーチャンダイズ・マネジャーを経たのちに、最も若くして副社長に就任した人物として、広く小売業界で知られている存在である。

世界初のジェンダーフリーショップに相応しいとして付けた店名「Phluid（ヒュルイド）」には、水素イオン濃度を表す「ph（ピーエイチ）」と「Fluid（流動体）」の造語で、phの数値によって水にも固有の性質があるように、人においても性別を越えた個性があり、これをそれぞれに尊重して生きていくために、バリアとなる障害を取り払い、流動的に物事を受け止めていくことが大切、とのメッセージが込められている。

デジタルテクノロジーの導入で小売イノベーションが語られるが、男性か女性かの二択の売り方は何も変わっていない

ロブ氏がこのジェンダーフリーをコンセプトとするフラッグシップストアを始めようと決めたのは、2018年3月、同店舗がオープンする8ヶ月前のことだったという。

それまで、四半世紀以上にわたりファッション業界をリードする存在として活躍してきたロブ氏は、新しいファッショントレンドを世に発信し、商品を販売するだけの店舗運営という小売ビジネスの枠を大きく越えて、世界中のすべての人がもっと幸せになれる社会づくりに貢献したいと思うようになった。

「最近の若い世代が、ジェンダーバイナリー（男性か女性かの二択で性別を分ける考え方）に拒否反応を示し、社会がＬＧＢＴＱ＋（＊）の人たちを理解し、受け入れ始めているにもかかわらず、大半の小売店舗は、男性用・女性用に分かれたフロアや商品の販売をするという基本的なスタンスにだれも疑問を持たず、何も変えようとはしてこなかった。だから、だれかがこれを変えなければ……」と彼は動き始めた。

（＊）ＬＧＢＴＱ＋とは、人の性自認や性的指向のうち、レズビアン（Ｌ）、ゲイ（Ｇ）、バイセクシュアル（Ｂ）、トランスジェンダー（Ｔ）に加え、自身の性自認や性的指向が定まっていない、あるいは意図的に定めていないクエスチョニングと、セクシュアルマイノリティの総称として使われるようになったクィアの頭文字（Ｑ）、そして、それらに当てはめきれないセクシュアリティの多様性を示すための「＋」を加えたセクシュアルマイノリティの略称。

世界が注目するＬＧＢＴＱ＋市場の規模は１２０兆円に達する勢い

ジェンダーフリーを対象としたＬＧＢＴＱ＋市場は、近年様々な業界から注目されている。

ＬＧＢＴＱ＋層のリサーチで知られるWiteck Communicationsによると、ＬＧＢＴＱ＋層の購買力は２０１５年に９１７０億ドル、２０１８年には1兆億ドルに達しているという。

また、セクシュアルマイノリティのＳＮＳで知られるHornetのデータによると、ベビーブーマーの８％、ジェネレーションXの13％、ミレニアル世代とポスト・ミレニアル世代の31％が、自身のことをＬＧＢＴＱ＋と認識しているそうで、この数字は、米国総人口の13％、３２００万人に当たる。

ＬＧＢＴＱ＋層への企業のアプローチの中で、いち早くこのターゲット層へのマーケティングに取り組んだのが、ホテルやクルージング、地方の観光協会（ペンシルベニア州のフィラデルフィアと、メリーランド州のボルティモア）を含む旅行業界である。２０１７年に公開されたGrindr Travel Surveyによると、ＬＧＢＴＱ＋が1年間におよそ１０００億ドルを旅行に費やしていることが報告されている。

特別感のあるジェンダーニュートラル・ブランドではなく、本来のインクルーシブなブランドに

ＬＧＢＴＱ＋を対象とするジェンダーフリー市場には、数年前からファッション業界も注目し始めている。記憶に新しい２０１９年のニューヨークコレクションでは、トップバッターのデザイナー「Tom Ford（トム・フォード）」が、男性と女性のモデルを一緒に登場させ、ジェンダーにとらわれないコレクションを発表して話題になった。

また、２０１６年にはファストファッション大手の「ZARA（ザラ）」がオンライン限定でジェンダーニュートラル・ブランドをスタートさせ、２０１７年には小売大手の「Target（ターゲット）」が、スウェーデンのストックホルムに本拠地を置くカナダ企業の「Toca Boca（トッカボッカ）」社によるジェンダーニュートラルな子供服の販売を始めるなど、業界内での動きもでてきている。

しかし、ロブ氏によると、一般的にジェンダーフリー・ブランドとして知られる「Telfar（テルファー）」や、２０１６年にジェンダーフリーを掲げたコレクションで話題になったグッチやプラダ、フェラガモのようなヨーロッパの高級ブランド商品は、１点が5万円から10万円、またはそれ以上と高額で、だれもが購入できる商品ではないという。

つまり、多くの既存ブランドは、ロブ氏が目指す、だれもが購入できるという意味での〝inclusive（インクルーシブ）なアパレルブランド〟とは言えない。

「ジェンダーフリーやジェンダーニュートラル、と呼ばれるブランドは確かに増えてきているけど、男性と女性は体型がそもそも違うから、その違う体型のだれもが似合う服をデザインするのは簡単ではなく、ある意味ゼロからの挑戦となる。それに、その新しいデザインをもとに商品をつくってほしい、とアパレルやシューズメーカーに依頼しても、受けてもらえるメーカーが今は限られている」とロブ氏は語る。

ただ、2018年のオープン当初は難色を示していたメーカーも、店舗ができ、実際に店を訪れる機会を持った後は、一緒に取り組む姿勢へと変化してきている、という。

男性か女性か、という二択の考えから解放される空間に、人は惹かれ集まってくる

同店舗内で販売されるアパレル商品はすべて、男性用・女性用、という性別による商品カテゴリーはなく、S、M、L、LLという共通サイズによる展開で、売場はスタイルやブランドによって分類され、試着室とトイレは男女兼用、店内のマネキンも特注のジェンダーフリー仕様だ（図4-1-2参照）。

扱う商品は、同社のオリジナルデザインのTシャツやジーンズのほか、ロブ氏が発信するメッセージに賛同、共感するブランド、FILA（フィラ）やChampion（チャンピオン）、Levi's（リーバイス）などのブランドのジェンダーニュートラルなアパレル商品や、スニーカー、アクセサリー、化粧品、本などである。

価格については、オリジナルTシャツが30ドルほど、デニム商品も50ドルから150ドル前後となっており、若者でも気軽に購入できる商品が揃う。

そして、同社が他のアパレルストアと一線を画しているのが、店舗奥に設けられたシーティングエリアとカフェスペース、そして地下にあるミーティングスペースだろう。これらのスペースは、店を訪れる人たちが自由に過ごすことができるコミュニティスペースとして開放されている（図4－1－3参照）。

「The Phluid Project は単にジェンダーフリーの洋服が購入できるストアではない。The Phluid Project を通じて実現したいのは、すべての人が自分自身のアイデンティティを表現できる安全な空間と、差別や偏見に苦しめられることなく安心して過ごせる、居心地のよい時間の提供」なのだという。

出所：The Phluid Project のホームページ
https://thephluidproject.com/ （2019 年 5 月 10 日確認）

図 4-1-2　The Phluid Project 店内の様子

出所：The Phluid Project のホームページ
https://thephluidproject.com/ （2019 年 5 月 10 日確認）

図 4-1-3　The Phluid Project 店内にあるコミュニティスペースでのイベントの様子

ニューヨークから始まったプロジェクトは、次なるステージ、そして世界を目指す

２０１９年４月に１周年を迎え、次なるステージへと駒を進めるThe Phluid Project。現在の売上の90％は店舗での販売が占めているが、これを、60％がｅコマース、25％が店舗での販売、15％がオリジナルブランドのホールセールによる売上とするビジネスモデルへの転換を行うための中期計画を掲げている。

まずは、２０１９年度。ｅコマースの販売強化のためのチームを結成、オンラインショップをリニューアルして、ＳＮＳを通じた情報の発信やオンラインコミュニティの活性化をはかった。

また、The Phluid Projectのプライベート・ラベルのホールセールの売上を上げるために、オリジナルデザインの商品を増やし、アパレル以外のアクセサリーや雑貨などの商品開発も積極的に進めた。

２０１９年６月、50周年を迎えるニューヨークのプライド・パレード（ＬＧＢＴＱ＋の文化を称え、これをサポートする人たちが参加するパレード）では、同店のみがオリジナル商品の販売を実施することから、ニューヨークの著名百貨店、メイシーズやブルーミングデールなどにも、パレードのオリジナル商品を供給した。

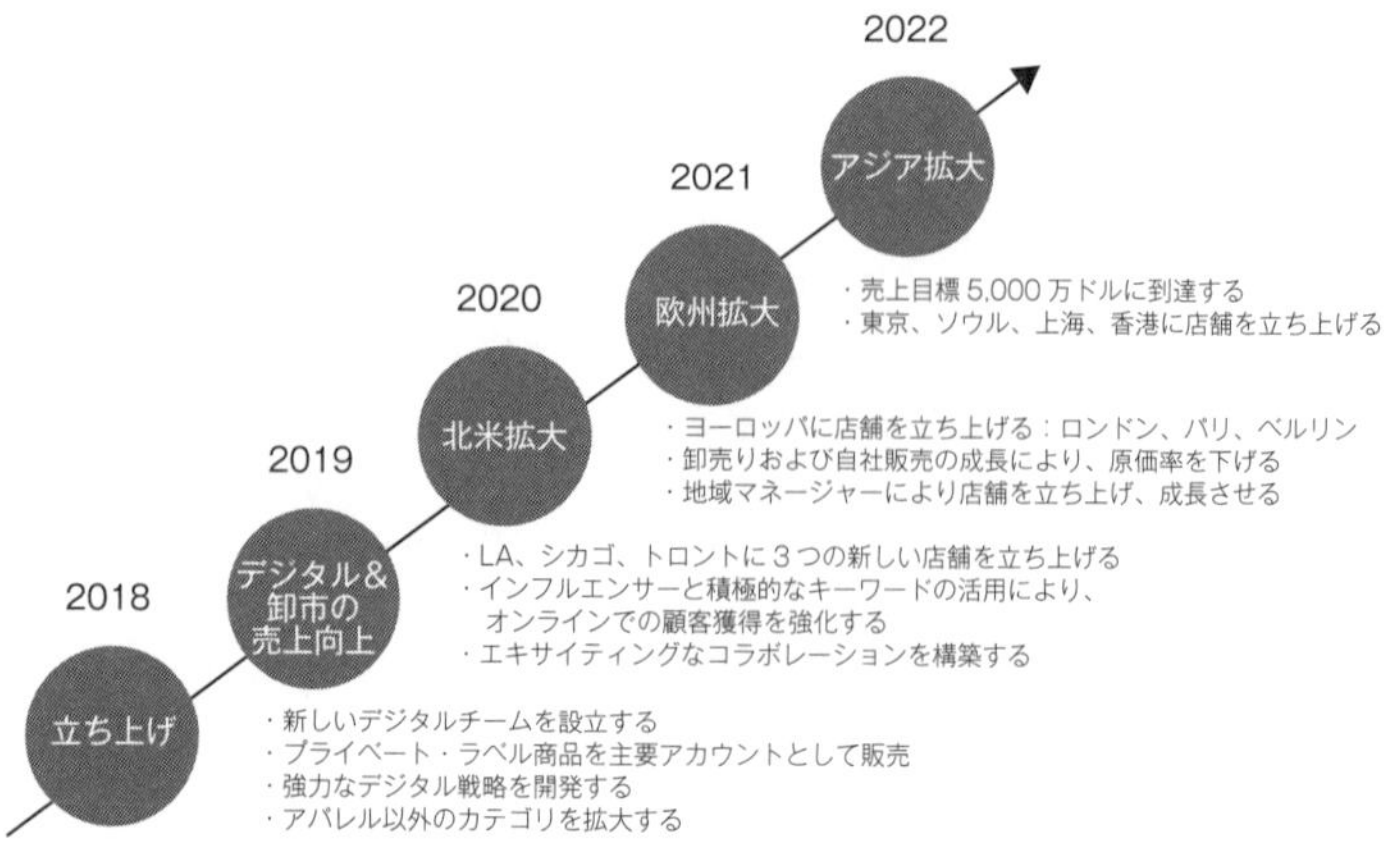
2022
アジア拡大
2021
欧州拡大
2020
北米拡大
2019
デジタル&
卸市の
売上向上
2018
立ち上げ
・売上目標5,000万ドルに到達する
・東京、ソウル、上海、香港に店舗を立ち上げる
・ヨーロッパに店舗を立ち上げる：ロンドン、パリ、ベルリン
・卸売りおよび自社販売の成長により、原価率を下げる
・地域マネージャーにより店舗を立ち上げ、成長させる
・LA、シカゴ、トロントに3つの新しい店舗を立ち上げる
・インフルエンサーと積極的なキーワードの活用により、
オンラインでの顧客獲得を強化する
・エキサイティングなコラボレーションを構築する
・新しいデジタルチームを設立する
・プライベート・ラベル商品を主要アカウントとして販売
・強力なデジタル戦略を開発する
・アパレル以外のカテゴリを拡大する

出所：The Phluid Project のホームページ
https://thephluidproject.com/ （2019年5月10日確認）

図 4-1-4　The Phluid Project の 2022 年までのマイルストーン

Girl &
Boy &
Trans &
They &
WE.
TONEWALL
2019
WORLDPRIDE

出所：The Phluid Project のホームページ
https://thephluidproject.com/ （2019年5月10日確認）

図 4-1-5　The Phluid Project を立ち上げたロブ・スミス氏（右）

50周年という記念すべき年だけに、パレードを含む1週間に及ぶイベントへの参加者は、史上最高の1000万人を超え、このイベントによる売上げは予想以上に好評だったという。

「2019年は、デジタルによる販売の強化を進め、2020年以降、新たな店舗の出店を米国西海岸とカナダで目指したいと考えている。また、われわれが掲げるミッションに賛同してくれるメーカーや小売店とのコラボレーションも様々なシーンで展開できればと思う。日本では東京オリンピックの開催都市となった東京都が、LGBT差別禁止条例（性的指向と性自認を理由とした差別を禁止する条例）を制定したと聞いているので、オリンピックを機に、日本のメーカーや小売企業とのコラボレーションが実現できればと考えている」とロブ氏は最後に語った（図4-1-4および図4-1-5参照）。

【コラム】

世界が注目するジェンダーフリー市場の拡大、日本はどう対応するのか？

ジェンダーフリー市場を新たなビジネス市場としてとらえ、取り組みを始めた米国企業が増加している。その背景には、この市場をけん引する存在として最も注目されているポスト・ミレニアル世代、別名ジェネレーションZと呼ばれる若者たちの存在が大きい。

The Phluid Projectが示すデータによると、彼らの81%は、個性は性別によって定義されるものではないと信じ、56%が性別を分けた商品にとらわれない買い物志向を持ち、55%が性的マイノリティーの知り合いがいる、と答えている。この数字を見る限り、彼らの世代においては、もはやLGBTQ+層はマイノリティーではないと言えるだろう。

オリンピックの東京開催決定を機に、オリンピック憲章にもうたわれている「性別、性的指向による差別の禁止」の根本原則に合わせて、東京都がLGBT差別禁止条例を2018年10月5日に本会議で制定したが、実際のところ、日本は、LGBTQ+の差別に関する意識や理解においては、世界の流れから取り残された存在となっている。

2018年の年末、ダボス会議で有名な世界経済フォーラム（WEF）が発表する「世界ジェンダー・ギャップ報告書」を見ると、日本は149ヶ国中110位と、下から数えた方が早いほどの〝低スコア〟を叩きだしている。この順位は毎年発表されているものだが、2015年では101位だった日本は、順位をさらに落としてきていることになり、ダイバーシティを掲げておよそ20年の月日を経たものの、結果としては、中国、インド、ネパール、ミャンマーなどの国よりもランクが下というありさまである。

2019年1月に朝日新聞社が日本で行ったアンケート調査（794回答）では、全体の83・2%に当たる661人が「男女格差はなくすべきだし、実際に格差を感じたことがある」と回答していることが明らかになり、差別をなくす方法については、全体の64%に当たる508人が、「議会や経営陣など、意思決定の場における女性の割合を増やす」と回答している。

日本の消費者、ミレニアル世代においても、性差別に対する意識の高まりが顕著である中、すべての日本企業は早急に、男女差別のみならず、ＬＧＢＴＱ＋差別に企業としてどう対応していくのか、を真剣に考える時なのではないだろうか。

2 ミレニアル世代がミレニアル世代をターゲットにスタートさせた「MiiR（ミアー）」

ワシントン州シアトルに本拠地をかまえる「MiiR（ミアー）：Product to Project（プロダクト・トゥ・プロジェクト）」は、起業家のブライアン・パペ氏によって２０１０年に設立されたスタートアップ企業である。

ブライアン氏がこの会社を立ち上げるきっかけとなったのは、彼がスキー事故で瀕死の重傷を負い、生死をさまよった経験から。「病院に運ばれ、もしかしたら自分の命がここで消えてしまうかもしれない、と思ったとき、ふと、自分はこれまで何をしてきたのだろう？　自身のこれまでの人生はなんのためにあったのだろうか、と考えた」という。

幸運にもブライアン氏は大けがから回復することができ、自宅に戻った彼が真っ先に妻に提案したこと、それが、彼が設立したMiiRの企業コンセプトである「商品そのものをプロジェクト化し、世界の役に立つビジネスにする：Product to Project」というアイデアだった。

ブライアン氏が考えた「Product to Project」とは、顧客に商品を買ってもらい使ってもらう、に付加して、商品そのものが〝存在する価値〟を持つような仕組みをつくりだし、この仕組みによって世の中の役に立つビジネスにする、というものだった。そして、友人とどんな商品をつくるかを考える中で、アスレチック好きな彼が以前から欲しいと思っていた、機能的でおしゃれなウォーターボトルを、最初の商品として売りだすことを思いつき、祖父から相続したいくらかの資金を元手に「MiiR」を創設した。

会社の名称であり、会社創設後にオープンさせたフラッグシップストアの店名でもある「MiiR」は、米国で「自然保護の父」と言われるJohn Muirにインスパイアされた造語で、私たちが行っていくということの意思を表すために、John Muirの「U」を「i」に換えてMiiRとした。また「Mir（ミール）」はロシア語で「世界」や「平和」を意味することから、この会社で実現させたいミッションにぴったりの言葉だと考え名付けた、とウェブサイトで紹介している。

世界に役立つ仕組みを可視化したGiving Project（ギビング・プロジェクト）

MiiRが販売する商品は、まずは購入者に、生活の中で役に立つ商品だと実感してもらえることが重要なポイントと考えられている。商品開発は、機能性や使いやすさにこだわったデザインをモットーに行われている。

次に、購入者にとって役に立った商品は、世界中に点在する、不自由な暮らしを強いられている地域の人たちの生活を改善するための基金として、毎年の企業収益状況に左右されることなく、常に商品の収益から3％が寄付される仕組みになっている。

そして、このGiving Projectが他社の社会貢献活動よりも特別でユニークなのは、各商品に付いているGive Code™（ギブコード）を同社のウェブサイトに登録すると、商品を購入した際に寄付された収益の3％が、実際にどの地域のコミュニティの、どんなプロジェクトにおいて役に立ったのかを確認することができる点だろう（図4－2－1～図4－2－6参照）。

MiiRが取り組むGiving Projectには、さまざまなプロジェクトが含まれる。

たとえば、東南アジアおよびアフリカで、バイオ・フィルター、飲み水のシステムの建設、衛生プログラムの支援を含む55種類以上のウォータープロジェクトへの貢献。移動手

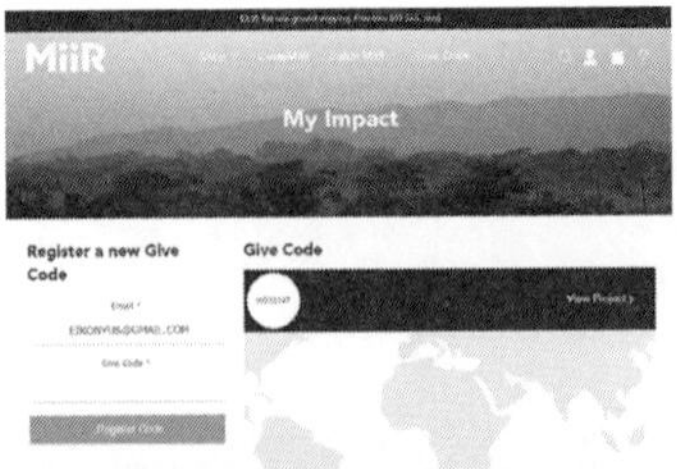

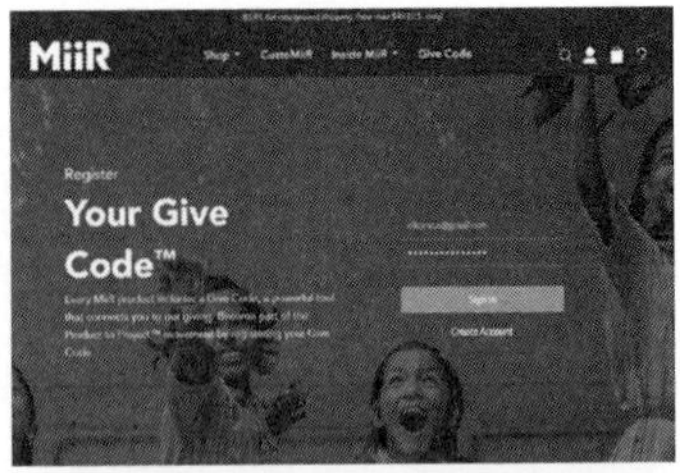

出所：図4-2-1〜図4-2-6まですべてMiiRのホームページ
https://www.miir.com/pages/givecode （2019年5月12日確認）

上から図4-2-4・4-2-5・4-2-6
MiiRのホームページにあるGiving Projectのページ（続き）。

上から図4-2-1・4-2-2・4-2-3
MiiRのホームページにあるGiving Projectのページ。Give Code™を入力すると、どのような社会貢献につながっているかを確認できる。

段がなく不便な地域には、移動手段として役に立つ自転車の寄付を行い、これまでに、米国を含む18ヶ国に4500台を超える自転車を提供してきている。

最近のプロジェクトでは、低所得家庭の子供に、健康的な食事方法と調理を教えるプロジェクトや、自然環境の保護について学ぶ教育プロジェクトにも力を注いでいる。

同社の社員やパートナー企業は、ブライアン氏が掲げるミッションに賛同する仲間たち

オーナーのブライアン氏、そして彼の妻、また同社の社員のほとんどは20代から30代のミレニアル世代に属している。また、フラッグシップストアでゼネラルマネージャーを務めるジェイミー氏は、「MiiRの本社とフラッグシップストアで働く総勢50人ほどの社員は、ほとんどがオーナーであるブライアンの企業理念に賛同して、この会社で働くことを決意した人たちだ」と言う。

さらに、「わたしも、ここで仕事をする前は、アウトドアブランドの企業で14年間働いていましたが、息子が成長したのをきっかけに、ここからは自分の大切な時間を、人を大切にする企業で働きたいと考えるようになり、この会社への転職を考えました。長い間勤

めた会社を辞めて新しい会社で働くのは不安もありましたが、ブライアンに会って、彼が掲げる企業ミッションを直接聞き、また、彼が一緒に働く仲間をどれほど大切に思っているかが分かった瞬間、この会社で働くことを決めていました」と、自身が転職を決めた理由を教えてくれた。

MiiR の売上の20%から25%は、自社で運営するフラッグシップストアとオンラインストアでの商品販売によるものだが、全体売上の75%は、MiiR のミッションに賛同してくれるカスタムパートナー企業からのもので、パートナー企業もまた、ミッションの実現をともに目指す仲間たちである。

MiiR はメーカー企業であるので、アウトドアブランドの「Patagonia（パタゴニア）」やコーヒーブランドの「Blue Bottle（ブルーボトル）」のようなグローバル企業が、MiiR 商品を自社ブランドのロゴを付けて販売してくれるビジネスモデルが、主な収益源と言える。そのため、同社はコーヒーや食品の展示会に出向き、パートナー企業を増やすための営業活動も行っている。

ローカルにこだわり、コミュニティにこだわり、カッコよさにもこだわるのがMiiR（ミアー）の魅力

MiiRのフラッグシップストアはシアトル中心地から少し離れた郊外にある（図4-2-7および図4-2-8参照）。その場所を選んだ理由は、オーナーであるブライアン氏のホームタウンだからだそうだ。

MiiRの企業理念には、自分たちが暮らすローカルコミュニティへの貢献も大切なミッションとして掲げられている。それゆえに、ブライアン氏は、知り合いや仲間たちが集うことのできるコミュニティスペースを自分が暮らす街につくることに、こだわりを持っていたという。

また、フラッグシップストアの入るビルは、シアトル市が2030年に向けて、エコフレンドリーな街づくりを目指す一環として進めるパイロットプログラムに参加している建物とのことだ。

そして、同店舗の顧客の中心であるミレニアル世代は、イベントであっても、商品であっても、カッコよさとユニークさを重視する傾向がある。だから、彼らに興味を持ってもらえるように、店舗のデザイン、イベントの内容、店舗で扱う商品、自社のインスタグ

出所：図 4-2-7、図 4-2-8 ともに筆者撮影

上・図 4-2-7　MiiR のフラッグシップストアの外観
下・図 4-2-8　MiiR のフラッグシップストアの店内

ラムに投稿する画像などのすべての事柄において、一貫してMiiRらしさを追求する姿勢を変えないのだという。

シアトルと言えば、アマゾンやスターバックスの本拠地として知られているが、地元にこだわらなくなったそれらの企業は、もはやシアトルブランドではないから、地元の人たちはスターバックスのコーヒーは飲まない、とジェミー氏は語った。

米国では、MiiRのように地元への経済貢献にこだわりつつも、グローバルな視野を持ってスタートアップ企業を立ち上げるミレニアル世代が多く誕生してきている。デジタルテクノロジーによって、どこにいてもリモートワークができるのが当たり前の世の中だからこそ、逆に、地元にこだわるスタートアップ企業には、仲間を大切にしたいと考える、チームワークを尊重する優秀な人材が集まるのかもしれない。

【コラム】
世界の社会課題を日本企業がビジネスで解決する、そんなグローバルアプローチもあるのでは？

MiiRは、環境や社会に配慮した事業活動を行っている企業として、「Certified B Corporation（B

コーポレーション）」の認定を受けた企業の1つである。

Bコーポレーションとは、米国ペンシルバニア州を本拠地として活動する、非営利団体のＢ Ｌａｂが運営している認証制度で、２０１９年5月、世界64ヶ国、およそ２７００社以上がこの認証制度を取得しており、認証を受けたすべての企業情報は、同社のウェブサイトで確認することができる。

Bコーポレーションの取得企業としてよく知られているのは、アウトドアメーカーのPatagonia（パタゴニア）やアイスクリームのベン＆ジェリーズ、ハンドメイド商品の通販を手がけるエスティなどの中小企業が主だが、２０１６年、上場企業や多国籍の大手企業による、Bコーポレーション認証取得の拡大を目的とする提携合意を、フランス食品大手のダノン社とＢ Ｌａｂとが締結したことから、近年は、グローバル市場での認知が一気に高まってきた。

現在、この認証を取得している日本企業は5社のみ。伐採などによりゴミとして捨てられてきた木材を、薪として再利用することで収益を上げ、これを緑化基金として活用している造園会社や、国際協力に関するコンサルティング業務を行う会社が含まれている。アジア圏では、中国企業が13社、韓国企業11社、台湾企業は25社が認定を受けており、この制度の活用が日本ではあまり行われていないと言える。

では、Bコーポレーションの認定基準を満たす可能性のあるソーシャルビジネス企業が日本に少ないか、というとその逆で、むしろ相当数の企業が取得できると推測される。

２０１５年、内閣府の委託で三菱ＵＦＪリサーチ＆コンサルティングが公表した「我が国における社会的企業の活動規模に関する調査」によると、日本国内でソーシャルビジネスを手がける企業の数は約20万5000社で、有給職員数は約577万6000人。それらの企業の付加価値額は16兆円で、対GDP比で3・3%を占める規模に成長したことが報告されている。

2008年には、ソーシャルビジネスを手がける日本の企業数は約8000社、市場規模は2400億円であったとの報告も経済産業省の調査で明らかになっていることから、およそ7年余りで25倍の規模に急成長したことが分かる。

米国のミレニアル世代は、商品を購入する際も、また就職先を選ぶ際も、企業による社会や環境への貢献度を重視する傾向が明らかで、この傾向は世界のミレニアル世代にも見られる。

この傾向を考慮すると、ミレニアル世代を対象とするグローバル市場を狙う日本企業にとって、Bコーポレーションのような第三者による認証制度を活用し、ソーシャルグッドと呼ばれる企業価値を世界に発信することは、企業のグローバル戦略として、有効な手段の1つと言えるのではないだろうか。

3 鉢植え植物ブームで人気上昇「Succulent Studios（サキュレント・スタジオ）」

ミレニアル世代が小売市場で注目される要因は、彼らがもたらす消費力の大きさだけではなく、彼らが生みだす新しい消費トレンドの市場への影響力である。

ミレニアル世代が生みだしたトレンドは、オーガニック食品や代替肉の消費拡大、Uber（ウーバー）やAirbnb（エアビーアンドビー）に代表される、ものや場所をほかの人と共有して利用するシェアリングサービス、また、デジタルツールを活用して人と出会うデーティングアプリケーションの需要拡大など、様々な分野にわたっている。

ここで紹介する「Succulent Studios（サキュレント・スタジオ）」は、カリフォルニア州の南に位置するフォールブロックという街で、40年間にわたって多肉植物（サボテン）を育ててきたファームの二代目がスタートさせたオンラインショップで、多肉植物（サボテン）のサブスクリプション（定期購入）サービスを提供するスタートアップである。

「新しいサービスをスタートさせる時点で、売上目標を設定してはいましたが、実際にサービスをスタートしてみると、当初自分たちが想像した以上に売上高が一気に伸びたので、サービスの内容やマーケティング戦略、そしてサービスを始めるタイミングも間違っていなかったのだと感じました」と、同社のマーケティングディレクターを務めるエリン氏は語る。

２０１８年にガーデニングを始めた６００万人のうちの80％はミレニアル世代

ミレニアル世代による鉢植え植物の売上が、全米売上の３分の１を占めるほどに成長している中で、今もっとも注目を浴びているのが、多肉植物（サボテン）だ。

多肉植物（サボテン）を長年にわたって育て販売してきた同社にとって、鉢植えの植物がミレニアル世代の間でトレンドとなったことは、彼らに大きなビジネスチャンスを運んでくる前触れだったのだろう。

同社は、多肉植物のサボテンが、「ミレニアル世代の新しいガーデニング法」として、あらゆるメディアで話題になり始めた２０１２年、観葉植物専用のオンラインショップ「The Sill」をオープンさせた。

当時、観葉植物のオンラインショップはほかにいくつもあったが、同ショップは、観葉植物を育てた経験がない人や育て方の知識がない初心者へのサービスとして、植物を購入する際のアドバイスをしたり、売り方に工夫を凝らしたりすることで、他店舗との差別化をはかった。

たとえば、犬や猫を飼っている人に適した観葉植物には「Pet-Friendly（ペット・フレンドリー）というマークを付けたり、室内の陽当たりの量に合わせて「Low Light（ロー・

ライト)」、「Bright Light(ブライト・ライト)」とカテゴリー分けをするなどの方法で、初心者でも迷わず、またそれぞれの顧客が自身の生活環境に適した植物を簡単に選べるように工夫したのである。

さらに、年間39ドルの費用を払って「Plant Parent Club(プラント・ペアレント・クラブ)」のメンバーになると、同社の植物専門家に質問することができるサービスも行っている。

同社の2017年度の収益は5・5億円に達し、前年比500%増、年間に15万個以上の植物を販売した。現在は、オンラインショップのほか、ニューヨークに2店舗、ロサンゼルスに1店舗の実店舗を構え、近々サンフランシスコに新しい店舗をオープンさせる予定だという。

限られた生活スペースで、主人の帰りを待っている多肉植物(サボテン)に癒されるミレニアルたち

観葉植物市場では、「The Sill」以外にも、新しい会社が続々と誕生している。たとえば、2010年には、オフィスの緑化デザインを手掛ける「Greenery NYC」、2017

年には、ニューヨークを本拠地に室内用植物のサブスクリプションサービスを展開する「Horti」、2018年3月には、独自の手法で全米どこにでも観葉植物の配達を可能にした「Bloomscape」などが創業した。しかしながら、多肉植物（サボテン）を専門に販売するデジタル・プラント・カンパニーは、「Succulent Studios」のみである。

このように観葉植物市場が成長を続ける背景には、ミレニアル世代の生活環境と価値観の変化があると言われている。

1つには、経済的な理由から、ミレニアル世代はマイホームを手に入れるのが困難な状況が長引いており、結果として都会の限られたスペースに住んでいる人が多い。そのため、その狭い居住空間の中に植物を取り入れることで、自然に触れる癒しを求めている人が増加したのだと考えられている。

もう1つの要因は、多くの場合、20代後半から30代の年齢で結婚し、子供を持ち、親になる、という経験をとおして大人の自分を自覚するわけだが、ミレニアル世代はその年齢に達しても、なかなか〝だれかに頼られる人〟になることはできず、大人になった実感も湧かないままでいる。そのために、彼らは自分が大人であると実感できるように、自分を頼りにしてくれる存在が欲しいと考えたようだ。

実際、「Succulent Studios」の顧客データの分析によると、18歳から20代前半の若い層が、自分の責任のもとで初めて世話をする対象としてサボテンを育て始めるというケースが多いという。この年代の多くは、まさに親元を離れて一人暮らしを始めるタイミングであり、自分を頼りにしてくれる存在を持つきっかけとして、このサービスを利用し始めているようだ。

「ミレニアル世代にとっては、〝自分を頼りにしてくれる何か＝サボテン〟のために家に帰るという行為が、大人になった感覚を与えてくれると感じられるようです。それに、自然に触れることで、日々の慌ただしさから解放され、心が癒される。そして現実逃避的な感覚も味わえるのでしょう」と、エリン氏は分析していた。

実際、デジタル・プラント・カンパニーの「The Sill」では、顧客のことを「Plant Parent（プラントペアレント：植物の親）」と呼んでいるし、「Succulent Studios」では、毎月顧客に送付する、芽がでてから8週目の多肉植物（サボテン）を「Babies（ベビーズ）」、ミレニアル言葉でＢＢ（Babies の省略語）と呼んでいる。

インスタ映えして、世話も楽な多肉植物は、ミレニアル世代の大のお気に入り

「Succulent Studios」はいくつかのSNSアカウントを、それぞれの活用目的に合わせて使い分けている。彼らが活用するSNSは、Facebook（フェイスブック）、Twitter（ツイッター）、Pinterest（ピンタレスト）、そしてInstagram（インスタグラム）の4つ。エリン氏は、それらの使い分けについて、次のように説明してくれた。

「4つのSNSの中では、Twitterは主にお客様とのコミュニケーションツールとして、カスタマーサービスとして活用しています。また、Facebookは、主にミレニアル世代の前のジェネレーションX世代を中心とする顧客層を対象としたマーケティングツールとしています。そして、PinterestやInstagramは、ビジュアルを重視するミレニアル世代をターゲットとして、たくさんのビジュアルを投稿しています」

もともと、色が鮮やかで、ユニークな形のものが多い多肉植物（サボテン）は、インスタ映えの対象物にうってつけである。そして、水やりの頻度が少なく、世話が難しくないことも、ミレニアル世代が多肉植物（サボテン）を気に入った理由である。

全般的に、デジタル・プラント・サービスの利用者の中には、友達へのギフトとして植物を購入し、3ヶ月なり、6ヶ月なりのサブスクリプションをプレゼントするケースも多

いとのことだ。

顧客の手元に届く多肉植物（サボテン）のすべての情報公開と地球にやさしい会社を目指して

「Succulent Studios」が扱うすべての多肉植物（サボテン）は、一切の化学肥料を使用せず、同社のファームで8週間、丁寧に育てられたものを2種類セットにして顧客に送っている（図4－3－1参照）。価格は2種類セットで10ドル、これに送料の6・50ドルが加算される。

そして、植物が入っているポット（鉢）は、環境にやさしい生分解性プラスチックを使用したもので、顧客はそのポットを少し大きめのポットに移して、隙間を土で埋めれば、数ヶ月後にはもとのポットは朽ちて土に還るという。

また、同社は、もし送られてきた植物が期待とは違ったり、壊れていたり、気に入らなかったりした場合など、顧客が満足できないときには、100％返品できる体制としている。

さらに、同社の商品の発送作業では、様々な事情で通常の生活環境の下で暮らすことができない、Women's Shelter（女性の保護施設）の女性たちも働けるように、新たな仕組みにも取り組んでいる。

「われわれの会社のミッションは、社会に貢献できる企業になることです。多肉植物（サボテン）を顧客に販売するだけではなく、植物といっしょに暮らす楽しさや世話をすることで味わえる充実感、また、慌ただしい生活の中で感じられる癒しをより多くの利用者に届け、受け取った大勢の人たちが、幸せになってくれることこそが、このサービスの意義であり、目指すゴールだと思っています。まだ、われわれの挑戦は始まったばかりですが、ただのトレンド、流行で終わらせるのではなく、ミレニアル世代の次の世代にも受け入れてもらえるサービスへと

出所：Succulent Studios のホームページ
https://succulent.studio/ （2019 年 5 月 15 日確認）

図 4-3-1　Succulent Studios から届くサボテン

進化させていけるよう、柔軟な姿勢でビジネスを拡大させたいと考えています」と、エリン氏は将来への意気込みを語ってくれた。

【コラム】米国市場への参入は、オンライン起点のブランド体験拡散から始めてみるのはどうだろう？

ミレニアル世代が生みだす新しい消費トレンドを背景に、ユニークなコンセプトのオンラインショップが続々と登場している。米国のｅコマース市場は、２０１４年から平均20％の成長率を続けており、２０１９年の売上は3・5兆ドルまでに拡大すると予測された。

そして、この成長を後押ししているのが、ＤＮＶＢ：Digital Native Vertical Brands（デジタル・ネイティブ・バーティカル・ブランド）、別名V-Commerce（ヴィーコマース）と呼ばれる、ミレニアル世代をターゲットにしたデジタル・ネイティブな直販ブランドたちである。

ＤＮＶＢの特徴は、従来の、商品を知ってもらい、購入してもらうという「モノ」にフォーカスしたオンライン上の商取引とは違い、ブランドが提供する「コト＝体験」が優先される商取引と言えるだろう。そして優先される「コト」とは、ブランドが語るストーリーやコンセプト、ブランドが掲げるミッションを顧客が知り、これに顧客が共感するというブランド体験や、商品を試す、購入する、利用する、満足する、という一連の購買体験を示し、これらの体験がブランド価値を形成するものである。

また、ＤＮＶＢの多くは、ブランド体験をオンライン起点で拡散させた後、顧客層のジオデモグラフィック（地理学的人口統計属性）や地域別の売上データをもとに、ブランドのメインターゲットとなる地域エリアを選びだし、ポップアップ・ストアや実店舗などのオフラインショップを効率的に展開、販売チャネルを拡大させている。

不動産調査会社のGreen Street Advisorsの調査によると、DNVBが展開する実店舗数は、2018年時点で全米に600店舗以上あると報告され、不動産会社のJones Lang Lasalleのレポートでは、今後5年の間に850店舗が新しくオープンする見込みであると報告されている。

DNVBの中でも最も店舗数が多いのが、2010年創業のアイウェアブランド「Warby Parker(ワービー・パーカー)」で、2019年5月時点で、90店舗を米国とカナダで展開していた。

アイウェア市場に革命をもたらしたWarby Parkerが、最初のフラッグシップストアを本拠地ニューヨークにオープンしたのは、オンライン販売をスタートしてから3年後の2013年のことだった。同社は、店舗のロケーションを決定するために、オンライン販売で入手した購買データを綿密に調査、分析しただけでなく、実店舗における顧客体験をとおして、同社のブランドアイデンティティーを体験してもらうことを重視する戦略をとり、実店舗の店舗数増加に比例する売上成長を実現させている。

インターネットがない時代に米国市場で日本商品を販売するためには、直営店を自社でかまえるか、米国の小売店舗で商品を販売するしかなかったが、現代はDNVBのようにオンラインショップを立ち上げてから、期間限定のポップアップ・ストア、または実店舗を展開する、というマーケティング戦略も、米国市場、またはグローバル市場へ進出する際の選択肢の1つとして考えられる時代になった。

……とは言え、13億を超えるウェブサイトが存在する情報過多のデジタル社会において、日本企業が自社ブランドのウェブサイトやブログ、ソーシャルメディアアカウント、さらにオンラインショップを英語で立ち上げたからといって、突然売上が伸びてビジネスが大成功するというシナリオが簡単に描けるわけではないだろう。

しかし、日本企業が米国市場への進出を試みる中で、DNVBのスタートアップに挑戦するタイミングを計るのであれば、新しい消費トレンドをつくりだすパワーを持ったデジタル・ネイティブたちが20代から30代という年齢に達し、消費のメインターゲットとなり始めた今こそが、絶好のチャンスと言えるのではないだろうか。

4 ミレニアル世代の女性がメインターゲット「KC Wineworks（ケーシー・ワインワークス）」

24年もの期間、連続成長を記録した米国のワイン市場だったが、最近その成長が鈍化してきており、2019年にはマイナス成長になる可能性が高まっていた。

これは、クラフトビールやスピリッツなど、ほかのアルコール飲料に売上をとられているのに加え、健康のために飲酒を控え、代わりに、発酵飲料であるコンブチャ（紅茶キノコ）や、ゴールデンミルク（ターメリックを含んだミルク）を含む健康飲料を飲む人が増えたことが影響していると考えられている。

特に、健康志向が顕著なミレニアル世代では、ワインを常飲する人のうち3人に2人が飲酒量を減らそうと考えていて、全体的にワインを飲まなくなってきているという。ただ、飲む量は減少してきているが、2018年のワイン販売高は、前年比4・9％増となっており、よりプレミアムなワインを購入する人の増加傾向が見られた。また、ミレニアル世代の女性によるワインの売上が伸びてきているという市場動向を受けて、ワインメーカーは新しい販促マーケティングに取り組み始めた。

Retailtainment（リテールテイメント）によるブランド体験に勝算あり

Retailtainment（リテールテイメント）とは、Retail（リテール）とEntertainment（エンターテイメント）を組み合わせた造語で、ブランドが主催するイベントを意味している。

NRF：National Retail Federationの2018年の調査報告によると、調査対象のミレニアル世代のうち66％が、2017年1年間にブランドが主催するイベントに1回以上参

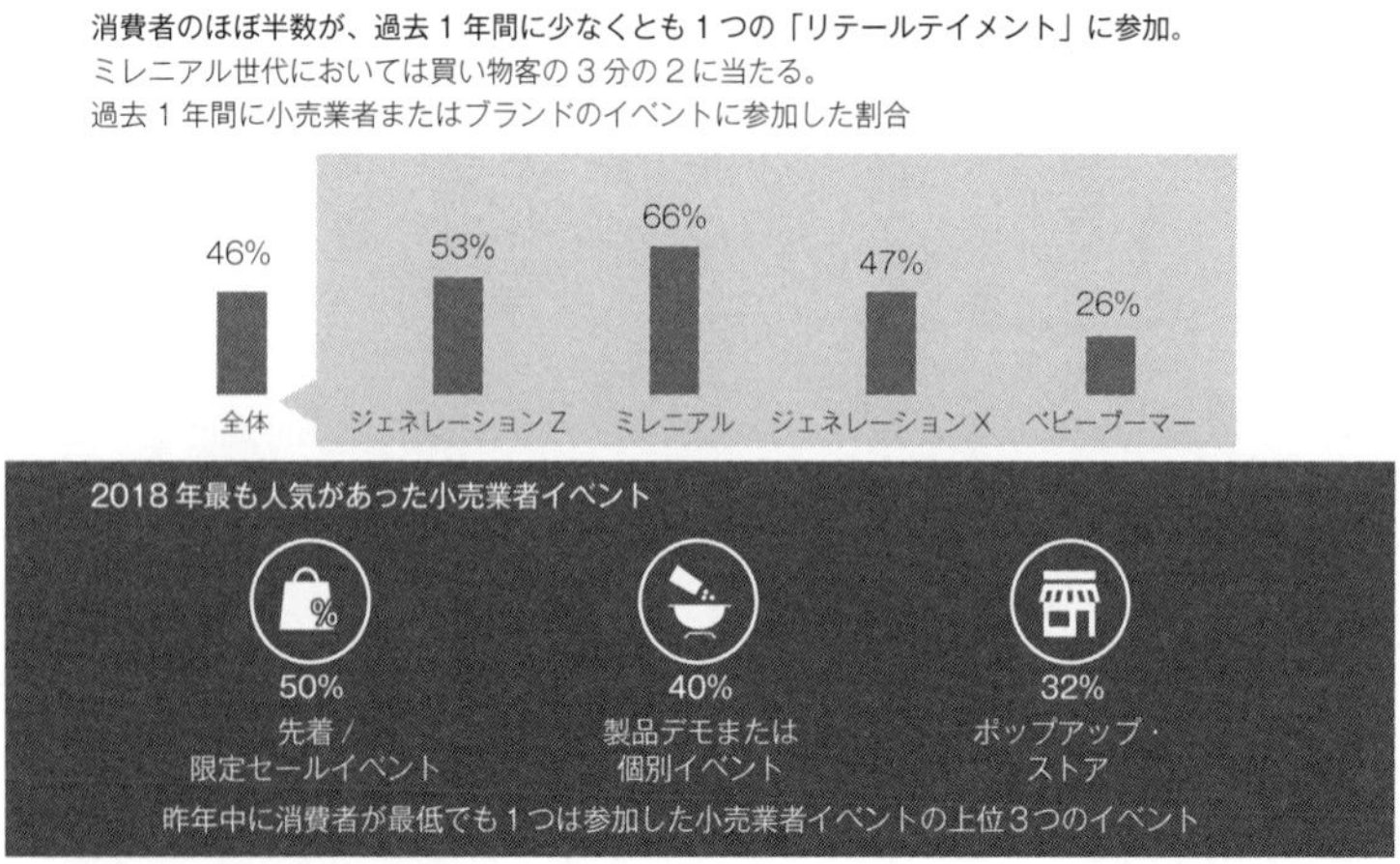

出所：全米小売業協会（NRF）による調査結果
https://nrf.com/sites/default/files/2019-01/Consumer%20View%20Winter%202018-2019_0.pdf （2020年3月10日確認）

図4-4-1　リテール＋エンターテイメント：2018年の勝利の方程式

加したことがあると回答し、イベントに参加した経験を持つ人の82％は、またイベントに参加したいと考えていることが分かった（図4－4－1参照）。

また、アルコール飲料ブランドが主催するイベントでは、ビールやワインフェスティバル、テイスティングイベントなどが一般的だが、このようなイベントに来年参加してみたいと答えた米国の成人は約17・8％で、イベント参加経験がある人については、25歳から34歳が30％以上を占めるほか、56％が独身者、31％が2歳以下の子供のいる人であることが、AudienceSCAN社の調査で明らかになった。

ワインメーカーの「KC Wineworks」は、ミズーリ州カンザスシティ初のワイナリーで、地域密着型ビジネスにこだわり、カンザスシティで採れるブドウを使用したワインづくりをスタートさせた。また、２０１４年の創業当初からミレニアル世代の女性をターゲットとしたマーケティングプロモーションに力を注いできたブランドである。

「アルコール飲料メーカーのラベルやウェブサイトのデザインは、主に男性を顧客ターゲットとしているタイプのものが多いのですが、ワイナリーの場合は、女性をターゲットとしたデザインを意識するところが年々増えてきています。KC Wineworksのラベルやウェブデザインは、事業のスタート時点からミレニアル世代の女性を顧客ターゲットとして想定し、洗練されたイメージの中にも親しみやすさが伝わるように、フォントや画像、イラストの選択にこだわって制作しました」と、同社のアートワークを担当するBauer-haus Design社のリッツ氏は説明する。

また、同ワイナリーは、女性をターゲットとするイベントも積極的に開催している。

２０１８年の夏には、プロモーション用に特別デザインした缶を限定販売する催しも開催、好評を得て、着実にファン層を構築している。

「黒にピンクのビビットカラーの組み合わせのワイン缶は珍しく、インスタ映えする、とイベント参加者たちがSNSで画像を共有して拡散してくれました。イベントに参加した女性たちがつくったUGC：User Generated Contents（ユーザーコンテンツ）は、オウンドメディアを盛り立ててくれる効果が高く、特に動画は影響力があります。ただ、オウンドメディアを活用するときに気を付けなければならないのは、ユーザーコンテンツに対しては必ずブランド側からのコメントを発信し、対話の姿勢を示すこと。彼女たちは、ブランドと対話をすることを望んでいるのですから」とリッツ氏は言葉を加えた（図4-4-2および図4-4-3参照）。

同ワイナリーはイベントの開催以外に、ミレニアル世代が商品を選択する際に重視しているという〝ソーシャルグッド＝社会貢献〟への取り組みも行っている。

彼らがDonation Policy（ドネーション・ポリシー）としてウェブサイトにも紹介している寄付プログラムには、「KC Wineworksは、カンザスシティに住むすべての人のため、よりよいコミュニティづくりと前向きな変化をもたらすためのサポートとして、どんな貢献ができるのかを考えています」というメッセージが添えられ、プログラム内容が丁寧に説明されている。プログラムは、同ワイナリーが定めた基準を満たす非営利団体が、ファンドレイジング・イベントで資金を集める目的でワインを販売する場合には、特別なディスカウント価格でワインを提供するというもので、プログラムの対象となる団体は、地域貢献の視点から、ミズーリ州内で活動している団体に限定している。

出所：Bauerhaus Design 社ホームページ
https://www.bauerhaus.com/ （2020 年 5 月 20 日確認）

図 4-4-2　KC Wineworks の商品。ターゲットをミレニアル世代の女性に絞り込んだデザイン。

出所：KC Wineworks 社インスタグラム
https://www.instagram.com/kcwineworks/ （2019 年 5 月 20 日確認）

図 4-4-3　Instagram の投稿もターゲットが強く意識されている。

ミレニアル世代向けマーケティングにおいて、限定したターゲティングは成功のカギ

小規模なスタートアップ企業である「KC Wineworks」のビジネス事例には、米国のミレニアル世代をターゲットに、効率的、かつ効果的なマーケティング戦略を展開するための2つのヒントが示されている。

1つめは、競合が多いワイン業界の中で、他社がまだ取り組みを本格化させていないターゲット層である、20代から30代のミレニアル世代の女性に限定してマーケティング展開を行ったこと。

2つめは、対象となるミレニアル世代の女性の消費動向を事前に調査し、彼女たちが喜ぶリテールテイメントへの取り組みに注力したこと。そして、オウンドメディアやパッケージにおいても、顧客ターゲットの視点を重視しデザインを徹底したこと、さらには、彼女たちが、ソーシャルグッドを好む傾向を考慮して寄付プログラムを実施するなど、一貫したマーケティング戦略を集中的に行ったこと、である。

米国のミレニアル世代の人口はおよそ8800万人で、この巨大市場を狙う大手企業は莫大な費用をかけてマーケティングを仕掛けている。それゆえに、日本企業が、限られたマーケティング費用を活用する手段として、進出前の市場調査を徹底的に行い、自社商品

の顧客ターゲットを限定的に定め、その対象となる顧客層の消費動向、嗜好に沿ったマーケティングを集中して実施するというやり方は、ミレニアル世代向けマーケティングの成功のカギを握っていると言える。

【コラム】グローバル市場を狙うならば、まずはニッチ市場で圧倒的なシェアを獲得する！

デジタル・ネイティブなミレニアル世代は、食品や日用品、アパレルであっても、その多くをオンラインで購入する傾向が年々強くなっていることは明らかで、そのために多くの実店舗が窮地に立たされているのが現状である。

しかし、その中でも、オンラインで購入するよりも実店舗で商品を試してから購入したいという、従来の購買モードが依然として根強いのは、美容製品である。美容製品は試用せずに、その商品が自分に合っているかを確認するのは到底無理であるため、オンラインショッピングに適応しない最後のカテゴリーと言われてきたが、近年、その流れにも変化が見られ、オンラインビジネスの分野で成功を収める美容ブランドが続々と登場してきているという。

美容の新ブランドにとって、実店舗を介さずオンラインで直接販売するには、最初にブランドを認識させ、商品に関心を持ってもらわなければならない。しかし、大企業が多額の費用を投じて行うプロモーションと競合しても勝率は低く、費用もかさむ一方である。そこで、新ブランドは、大企業が見過ごしてきた、またはまだその存在に注意を向けていない、ニッチ市場を特定し、そこに集中的なプロモーションを行うことで、まずはブランドリーダーを生みだすことを企てた。

ニッチ市場をターゲットにした美容ブランドは、スタート直後は業界から注目されず無視された存在であったが、現在は違う。高度にターゲットを絞ったニッチ市場を集中的に攻めた美容ブランドが、勝者として話題になっているのである。

たとえば、勝者の1つであるブランド「PiperWai（パイパーワイ）」は、2015年の事業開始時、ビーガン、グルテンフリー、動物実験をしない、毒性のない美容製品を求めていた、都市部のミレニアル世代の女性にターゲットを絞り、集中的にマーケティングを仕掛けた。しかし、この自然志向な購買行動はトレンドとなり、同社がターゲットに定めたニッチ市場は大きく成長。その結果、大きく売り上げを伸ばすことができたのである。

別の例では、ティーンエージャーをターゲットにしたヨーロッパのブランド「Merci Handy（メルシーハンディ）」や、閉経期の女性をターゲットにした「Pause Well-Aging（ポウズ・ウェルエイジング）」がある。これらのブランドは、1つの年齢層のニーズに焦点を当てたことで成功を収めている。また、よりパーソナライズな課題、要望に絞り込んで成功した新ブランドとしては、ニキビ治療専用のスキンケアを提供する「Dermala（ダーモル）」と「Klarskin（クラルスキン）」がある。

ターゲットを絞り込むという点で興味深いコンセプトを打ちだしているのは「Aether Beauty（イーサービューティ）」。すべての美容製品に水晶が入っており、水晶に興味のある消費者をまずはターゲットに定めたが、その延長線上にいる、ナチュラル、ビーガン、リサイクル可能な素材の使用などのこだわりに興味を示すミレニアル世代の女性の間で人気が広がり、多数のメディアで取り上げられる話題のブランドとなった。

ここで紹介した美容ブランドの成功者たちは、ニッチ市場をランダムに狙ったわけではない。彼らは、綿密なマーケティング戦略のもと、大企業が見落としている市場の中で、将来成長が見込めそうな〝市場チャンス〟を見極め、その市場にターゲットを絞って集中的にプロモーションを行った。それにより、狙ったニッチ市場の中で確実な地位を築いたからこそ、成功を収められたと言える。グローバル市場で〝こだわりのあるカテゴリー商品〟を武器に戦うためには、まずは、〝ビジネスが成立する十分な大きさのニッチ市場〟で圧倒的なシェアを獲得することが、勝者となる秘訣なのではないだろうか。

5 デジタルとフィジカルの両方でブランド体験「Ripple Street（リップルストリート）」

インフルエンサー・マーケティングのパイオニアとして知られる「Ripple Street（リップルストリート）」社は、2005年に創業し、ニューヨーク州、郊外の町アービングトンに本社をかまえる。

同社は、ソーシャルメディア（SNS）が話題になり始める以前に、フィジカル空間

「リアルな生活の中」で生まれる顧客の意見を、デジタル「携帯メッセージやSNS」でつながる顧客たちの間で共有させ、効果的な共感マーケティングを実現させた会社として、サービス発表直後から話題となっていた。

そして、P&G、ユニリーバ、クラフト、ディズニー、FOX、マイクロソフト、フォードなどの、多種多様な企業から幅広く評価され、ソーシャルメディアの利用者拡大と共に成長し、同サービスのアクティブユーザー数は110万人を超えた。

同社の成長の背景には、ミレニアル世代の台頭が大きく関係している。

同社がサービスの提供を始めた頃、米国は不景気の時代で、外食や旅行などのエンターテイメントにお金を費やす余裕がない家庭が多かった。そんな中、同社が提供したのは、メーカーから送られてくる新商品を、家族や友人たちと一緒に味わったり、試したりするホームパーティーを楽しく開きませんか？　というメッセージであったため、もともとパーティー好きな米国人たちは大喜びで参加した（図4－5－1および図4－5－2参照）。

さらに、2005年以降、Facebook や Twitter、Pinterest、YouTube、Instagram などのソーシャルメディアが続々と世に登場してきたことが、同社のサービスの成長を一気に加速させる追い風となった。

元来、モノの消費よりもコトの消費を重視する、デジタル・ネイティブなミレニアル世代のユーザーたちは、自らの体験を家族や友人と共有することに喜びを感じる世代であったため、このサービスを利用して開いたパーティー体験を、テキストのほか、画像や動画

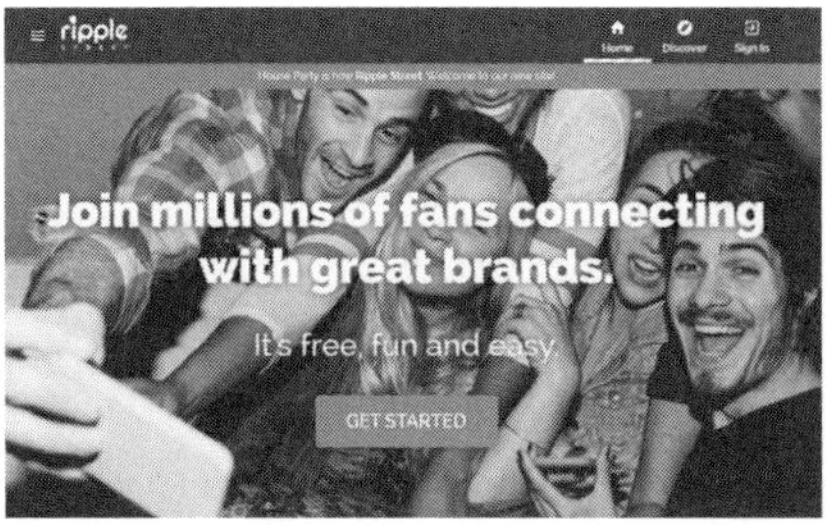

出所：Ripple Street 社ホームページ
https://www.ripplestreet.com/ （2019年4月25日確認）

図4-5-1　Ripple Street の WEB サイト。さまざまなブランドのイベントが載っている。

図4-5-2　日本酒ブランドによる New Year's Eve Party の例。

出所：図4-5-2，図4-5-3ともに Ripple Street 社ホームページ https://www.ripplestreet.com/discover/events（2019年3月11日確認）

図4-5-3　パーティー参加者による SNS の投稿。画像やコメントが拡散されていく。

を撮影して積極的に投稿していったのである（図4－5－3参照）。

「ミレニアル世代が購買商品を決定するときに重視するのは、ブランド価値です。そして、そのブランド価値は、彼らが、そのブランドや商品をとおしてどのような体験をしたのか、どのような感情を持ったのか、というブランド体験に基づいて構築されます。また、彼らはブランドから情報を一方的に発信されることを嫌い、ブランドとの間の双方向の対話（ダイアログ）によって、ブランドとつながることを求めています」と、同社のCEOリヨン氏は、ミレニアル世代のブランド価値について語った。

同社が提供するマーケティングプログラムの1つ、ハウスパーティーと呼ばれるプログラムでは、商品をリアルに体験したユーザーたちが、ブランドと対話できる場を独自のデジタルプラットフォーム上で実現させている。

家族や友達が集まるホームパーティーが、リアルな共感マーケティングの場となる

米国、イリノイ州に本社を置く食品会社のモンデリーズ・インターナショナルは、自社ブランドのスナック菓子Oreo（オレオ）クッキーの新商品「Oreo The Stuff Inside」のプロモーションをハウスパーティープログラムを使って仕掛けた。募集するパーティーホスト数は300名であったが、同社のウェブサイトをとおして応募してきたパーティーホストの数は1万3000名を超えたという。

パーティー開催までのプロセスは次のとおりである。

まず、同社のイベントページにオレオパーティー専用のページを設定し、ホームパーティー（家に家族や友達を招くパーティー）を主催してくれるホストを募集する。

その後、パーティーホストになりたいという応募者が同社のデジタルプラットフォームに投稿してくるメッセージや、彼らからの質問に答えるといった対話を、2週間から3週間程度行う。この対話を行いながら、人口統計、心理特性などの分析を行い、顧客プロファイルも考慮しながら、最終的にパーティーホストを300名選びだす。

選ばれたパーティーホストは、ウェブ上に用意されたマイページを活用して、友人や家族に向けてパーティーの招待状を発信し、パーティーの準備を行う。その期間も、パーティーホストとブランドとの対話は継続して行われ、ブランド体験を充実させる。

そして、パーティー開催日の1週間前には、パーティーを盛り上げるためのパーティーパックが、ホストの手元に届けられる。オレオパーティーのケースでは、ブランドオリジナルのボードゲームや、Oreoのロゴ付き携帯アクセサリー、またパーティーで食べる

Oreo商品を購入するための大型スーパー「ターゲット」のギフトカードが送られた。

パーティー当日は、ホストの家に招かれた10名から20名の家族や友人たちが、パーティーで撮影した画像や映像をウェブにアップしたり、FacebookやTwitterにパーティーのことを投稿したりして、友人や家族とパーティーの話題をソーシャルメディア上でシェアした。

同社によると、1000のパーティーを開催した場合、少なくとも1万人が実際に商品を試し、その1万人がオンライン上で情報をシェアすることで、パーティー当日だけでも10万人規模のクチコミ効果があるという。さらに、ニールセンの調査によれば、パーティー参加者が手にする商品の割引クーポンの使用率は平均20%を超える、という。

共感をシェアするコミュニティに、UGC（ユーザーコンテンツ）が集まる

同社のもう1つのプログラムは、Chatterboxと呼ばれるサービスで、ネット上のチャットコミュニティが共感をシェアする場所として設定されている。

このプログラムでは、ネット上のコミュニティChatterboxに参加したい人を募集し、コミュニティ参加者として選ばれた人が、Chat Pack（プロモーションの対象となる商品

パック）を受け取り、これを家族や友人に渡し、チャットコミュニティで商品についての感想や意見を互いにシェアする、という仕組みになっている。

２０１７年、モンデリーズ・インターナショナル社がグローバル・デジタルキャンペーンとして仕掛けた「オレオ・ダンク・チャレンジ（＊）」のプロモーションでは、このChatterboxプログラムが活用されている。

（＊）「オレオ・ダンク・チャレンジ」は、「牛乳めがけてOreoクッキーを〝ダンク〟する様子」または、「スーパーマーケットでOreoのパッケージを抱える様子」を、写真か動画で撮影して投稿すると、抽選で１００万円相当のＶＩＰ旅行、または商品２０００ドル分が当たる、というコンテスト形式のキャンペーンだった。

Chatterboxを活用した中では、コンテストそのものの販促プロモーションを仕掛けるとともに、キャンペーンに参加するためにOreoを購入するスーパーマーケットとして、クロガー系列のスーパーマーケットへの来店も促した。結果は、20万を超える投稿が集まり、キャンペーン後のアンケートでは、参加者の95％が「今後Oreoブランドの商品を購入したい」と回答し、89％が「Oreoブランドを家族や友人に推薦したい」と回答した。

一時的なブランド力の強化ではなく継続的な販促効果で売り上げを向上させる

Ripple Street社を活用したプロモーションの特徴は、パーティーホストの募集からパーティー開催、パーティー後にも継続する、対話でつながるコミュニケーションの連鎖である。

ChatThreads社がハウスパーティーのプロモーション効果を調べたところ、パーティー開催から6ヶ月経過しても、パーティー参加者のうちの75%が「商品に興味がある」と答え、パーティー参加者からの情報共有により商品を知った人のうちの89%が「商品に対して好感を持っている」と答えているという。

ホームパーティーというリアルなコミュニティから、ネット上のコミュニティへと広がり、ブランドファンをつくりだす仕組みは、まさにミレニアル世代が望むブランドとの対話を実現し、この対話によってブランド価値を高めるという相乗効果を生むことになる。

そして、つながりたいミレニアル世代の消費者たちが、大勢の人に伝えたいと思う体験の場を提供できたことが、同社の共感マーケティングの成功要因と言えるだろう。

【コラム】パーティー好きなミレニアル世代のこだわりと、パーティー成功のカギは？

ミレニアル世代はパーティー好きな世代として知られているが、特に家で開かれるパーティーについてはこだわりが多く、〝楽しいパーティー〟かどうかの評価にはなかなか手厳しい世代と言えそうだ。

2018年10月、スナックケーキで知られるHostess社がミレニアル世代2000人を対象に実施した調査によると、ミレニアル世代は、家族や友人宅のパーティーに呼ばれた際、パーティー参加後、およそ19分でそのパーティーが期待どおりの楽しいパーティーかどうかを評価する、という。彼らに〝楽しいパーティー〟と評価させるためには、まずは、美味しい食事とスナック、飲み物における満足度が重要視されるが、中でもスナックはパーティーがスタートして10分以内、飲み物は8分以内に用意されていることが必須とのこと。さらに、スナックは5種類以上が用意されていなければ、ミレニアルたちは満足しないそうで、68％のミレニアルは、十分な食べ物が用意されていることが、パーティーの成功を左右する、と回答している。

パーティーで提供されるスナックへのこだわりでは、75％がポテトチップス、61％がサンドウィッチ、同じく61％がチーズとクラッカー、58％がクッキー、50％がブラウニーをご所望なのだそうだ。

そして、ミレニアルたちにとって楽しいパーティーのもう1つの条件は、楽しい会話が弾むこと、と主張しているが、その会話が生まれるきっかけになるのも、美味しい食事とスナックで、食べ物の話題をきっかけに、ほかのパーティー参加者と会話が始められることから、パーティー参加者の16％は食べ物の近くに居場所を求めるそうである。

次に、パーティーでの礼儀、マナーについてもいくつかのこだわりがある。

まずは、シューズ！　35%のゲストは、家に入る際、靴を脱ぐのが礼儀だと思っており、パーティー開催者であるホストの29%もが、ゲストに靴を脱いでほしい、と考えている。

パーティーに参加する際の〝土産〟については、22%のホストがゲストからの土産を期待しているのに対し、ゲストの35%はパーティーに呼ばれた際には土産を持参する、と回答。ゲストからもらってうれしい土産は、アルコール飲料と答えたホストが45%、食べ物は41%だった。

最後に、楽しいパーティーに参加した、およそ30%のミレニアルたちは、参加したパーティーの様子をソーシャルメディアで必ず共有する、と答え、同様に30%のミレニアルは、Instagramに投稿される写真を見て、自身が次に参加したいパーティーを判断する、とも答えていることから、パーティーの成功は、ソーシャルメディアでの共有に大きく影響されていることは明らかと言える。

近年のグローバル・マーケティングにおいて、体験型、そして共感マーケティングの重要性がクローズアップされてきたが、ミレニアル世代をターゲットにしたマーケティングの最初のステップは、情報や感情を共有したい、と欲する彼らの期待に、企業やブランドが真剣に応える姿勢を示すことなのではないだろうか。

（藤原 栄子）

第5章

日本企業のミレニアル世代への取り組み

本章は、ミレニアル世代に人気のある日本における企業7社の事例を取り上げる。半分はミレニアル世代をターゲットとしたスタートアップだが、半分は創業から長い時間を経た企業である。つまり、旧世代とは異なる特徴を持つミレニアル世代をターゲットとして新しいビジネスを興すのもいいし、伝統的企業でも考え方一つでミレニアル世代に受ける製品やサービスを提供できる。どちらにしても、成功はミレニアル世代の顧客インサイトをどれだけ深く実践できるかにかかっている。

LINEの社長を辞した森川亮氏は女性ミレニアル世代を対象に縦型動画配信を行うC CHANNELを開始した。ガイアックスのミレニアル世代の2人は、体験シェアリングのTABICAを開発し、ANAなどと提携してさまざまな体験をシェアできる仕組みをつくった。東急シェアリングは別荘のシェアリングを提供するだけでなく、

SUMMARY & KEYWORDS

仕事（ワーク）と休暇（バケーション）を同時に楽しむワーケーション・ビジネスを展開している。無印良品（会社名は良品計画）は、創業以来、シンプルでスマートな生き方を提案してきたが、近年価値観が一致するミレニアル世代に大いに受けている。クリーニングの喜久屋やラーメンの一風堂（会社名は力の源ホールディングス）は結果的にミレニアル世代にも支持されている。美ママ協会／LIANBABYはミレニアル世代の中国人ママを支援する組織である。

【キーワード】ワーケーション、共創型マーケティング、三方善し、顧客経験価値

1

日本・アジアで躍進するミレニアル世代の女性向け動画メディア「C CHANNEL」（C Channel 株式会社）

C Channel 株式会社（以下、同社）は2015年4月に設立、女性向け動画メディアやECサイトを運営している企業である。「C CHANNEL」は同社が2015年にオープンした動画配信プラットフォームで、「〝女子の知りたい！〟を1分動画で解決する」とうたい、メイク、ヘアアレンジ、レシピ、ネイル、DIYなどをテーマに、各種ハウツーを30秒から1分程度の短い動画で紹介して、ミレニアル世代の女性を中心に人気を集めている（図5-1-1参照）。

出所：C CHANNEL（2019年9月確認）

図 5-1-1　C CHANNEL のTOP画面。いまや一般的になっている縦型動画をいち早く取り入れたメディアとしても知られる。

海外展開もアジアを中心に積極的に行っており、日本、中国、台湾、シンガポール、マレーシア、フィリピン、インドネシア、タイ、ベトナムの9ヶ国に配信している。同社のターゲットは、まさにミレニアル世代、そしてポスト・ミレニアル世代（ジェネレーションZ）と呼ばれる世代である。本項ではミレニアル世代の女性をターゲットにした同社の戦略と、海外展開の中で見られる戦略の共通点や国による相違点などを紹介する。

動画好きのミレニアル世代にマッチしたC CHANNEL

ミレニアル世代の特徴の1つに、デジタル・ネイティブというキーワードが挙げられる。アジアにおけるC CHANNELのメインターゲットとなる10～20代についてももちろんこの特徴が当てはまる。

平成29年度の総務省の通信利用動向調査によれば、年齢階層別インターネット利用率は、13～19歳で96・9％、20～29歳で98・7％と非常に高い数値となっている。また、インターネット利用の目的・用途（複数回答）について見ると、「動画投稿・共有サイトの利用」は、13～19歳で72・6％、20～29歳で67・9％となっており、他の年齢層と比較して高い数値である。13～19歳については、「電子メールの送受信」、「SNSの利用」といった他の項目を抑え、「動画投稿・共有サイトの利用」が最も多い割合となっており、動画が非常に身近な存在となっていることがうかがえる。
C CHANNELでは動画の長さを1分前後としている。内容は、「巻き髪が一気に可愛くなる方法」、「挟むだけじゃない！100均ゼムクリップの活用法☆」など、ハウツーものや裏技が多い。また、スマートフォンによる視聴を前提に、縦型の動画にしているのも、C CHANNELの特徴である。

企業からのおすすめは観ないけど、自分で選ぶのは大変

日本をはじめ、アジア各国で展開する中で、ミレニアル世代の女性ユーザーに共通して見られる特徴は次のとおりである。1つめは「動画が好き」ということ。2つめは「直観的に良いモノを見るのが好き」ということ。つまり、見た目がまず大事であり、動画を観るか観ないかは、サムネイルでほぼ判断される。サムネイルで表示されたものの中から「これ、私的！」と思ったものを観るのである。
では、メディア側が観てほしい動画を「おすすめ動画」という形で表示すれば観てくれるかというと、ほとんど観てくれないと言う。ここには、「企業より人、身近な人や共感する人を信用する」というミレニアル世代の特徴が表れていると言える。同社では、「企業におすすめされたものは観ない」、「でも、色々な動画が数多くある中から自分で選ぶのは大変」という気持ちを汲み取り、ＴＯＰ画面のサムネイルは一見ランダムに表示されているように見えながらユーザーの視聴行動に合わせて表示するなど技術的な部分で工夫している。

海外展開におけるポジショニングとコンテンツの現地化

アジア中心に海外展開する上で、同社がブレないようにしているのは、若い女性をターゲットにするという部分である。アジアでは現地企業がライバルとなることがある。C CHANNEL のユーザーは都市部に多いが、海外では、ユニクロが日本と比べて少し高級なポジションとなっているように、C CHANNEL も海外から来た少しおしゃれなメディアととらえられている。

アジア展開で共通した戦略がある一方、動画コンテンツについては、社会や文化に合わせて少しずつ現地化をしている。たとえば、化粧品やファッションの動画では、人種による肌の色の違いに合わせたり、宗教上の理由で口を隠すところでは、アイメイクを重視したりする。

同社の印象では、現在、アジアの若者の間では、ドラマやK－POPなどの影響で韓国文化が注目されやすいものの、料理や基礎化粧品といったカテゴリーでは、日本のものへの信頼がまだ厚いようである。ただし、ファッションにおいては、日本のカワイイではなく、よりセクシーなものの方にニーズがあるという。

一方、ユーザーに好まれるコンテンツという点で、中国は少し状況が違う。中国にはFacebookもInstagramもないため、C CHANNELの動画を中国版TwitterであるWeibo（微博・ウェイボー）などで配信している。他の国・地域と違い、中国では若干長めの動画でも観られる傾向があることと、「人」がでている動画も人気があることが特徴となっている。

同社では、こういった現地のさまざまな事情に合わせて微妙にチューニングをしながら、動画コンテンツを提供している。

現地のパートナー企業との取り組み方

海外で事業を展開する場合、現地のパートナー企業とどのように組むかという問題が生じる。同社では、まず現地に詳しい人に聞くなどして、その国で女性をターゲットとしてビジネスをしている会社を探すことから始める。その後、その会社と業務提携をして実際に仕事をし、一緒にやっていけそうであればジョイントベンチャーをつくるといった形で進めていく。現地のメンバーについては、基本的に現地採用に任せている。現地に任せる部分が多くなればなるほど、国・地域間のアウトプットや業況に差がでるのではないかと疑問が生じるが、その点についてはそれぞれの数字を細かく見て比較し、数字に差がある部分の改善を指示していくなどして対応しているとのことである。

ユーザーとつくり手を近づける

C CHANNELで配信する動画は、同社が作成するものと、クリッパーと呼ばれる個人が作成するものがある。投稿される動画はメディア側でセレクトせず、基本的にすべて載せる方針であり、その後は再生数に応じて表示される仕組みとなっている。

同社の動画作成において印象的なのは、動画を観る人たち（ユーザー）とできるだけ同じ世代の人がつくったコンテンツが良いという考え方である。象徴的な例として、タイの料理コンテンツの話がある。以前、タイではいわゆるセレブ女性が動画をつくっていた。ところが、作成する料理コンテンツにはタイ料理がほとんどなく、フランス料理などが多かった。結果、タイ料理について知りたいユーザーにとっては魅力が感じられず、受け入れられなかったということである。扱うテーマはもちろん、動画の長さや展開スピードなども含め、ユーザーが求めるものは、ユーザーと感性の近い人がつくるのが一番だという考え方は説得力がある。ユーザーの気持ちが分からなければ、良いものはつくれない。とてもシンプルだが、実行するには困難な戦略と言える。

同社では、2018年4月よりC CHANNELのママ向け版である「mamatas（ママタス）」という動画メディアをスタートしているが、つくり手であるチームメンバーは、ほぼ全員がママ社員である（図5-1-2参照）。ここにもユーザーとつくり手を近づけるという考え方が反映されている。

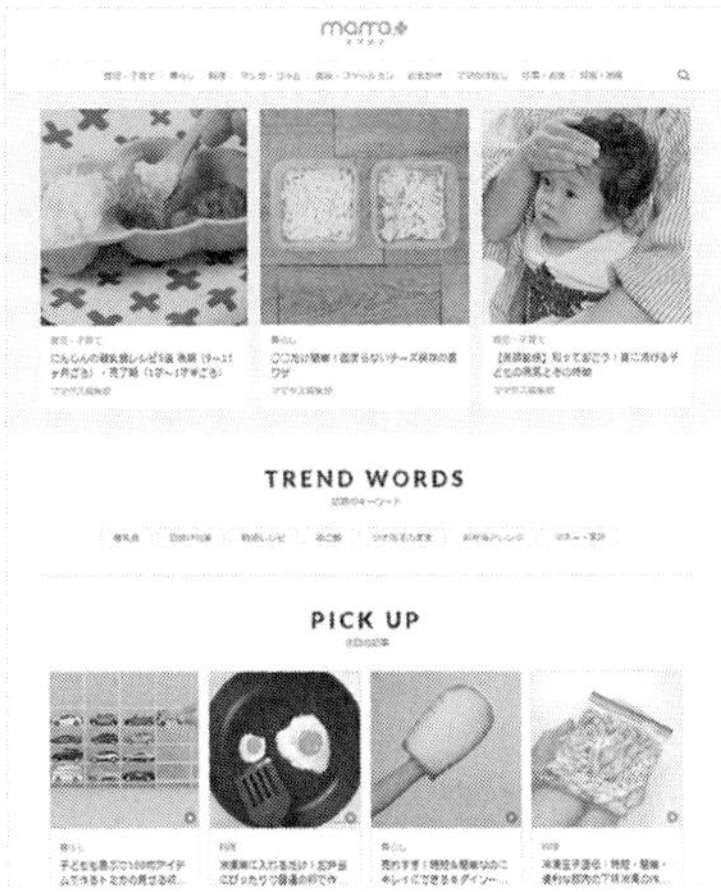

出所：mamatas（2019年9月確認）

図5-1-2　C CHANNELのママ向け版動画メディア「mamatas（ママタス）」のサイトTOP画面。ユーザーと同じ目線を持つママ社員が担当している。

もちろん、つくり手がユーザーに近い年齢なら良いというわけではない。生活者実態をとらえるための調査も行っている。具体的にはC CHANNELのファンを集めて、使い方や自身の生活について聞かせてもらう。ただし、ファンといってもヘビーユーザーからライトユーザーまで幅があり、求めるものも異なったりするので、どのような人に話を聞くかについては毎回注意している。また、サイト上で不定期のアンケートも実施している。このように、定性調査も定量調査も行っているわけだが、いずれにおいても、ユーザーに言われたことをそのまま受け止めるのでなく、本質はどうなのかを見極めることが大切だと森川亮社長は語る。

C CHANNELは、一目で直観的に観たい！と思わせるクリエイティブだけでなく、数値データやユーザーとの対話を徹底的に分析し、コンテンツや機能に反映することで、支持を拡大し続けているのである。

大量に欲しいのではなく、自分に合ったものが手短に欲しい

C CHANNELがターゲットとしているのは、ミレニアル世代の中でも、若い世代である。その中にはまだ社会人になっていない人も多く、消費力は上の世代に比べ大きくはない。しかしながら、多くが10代からスマートフォンを持ち、動画に親しんでいる彼らの間では、確実に新しい行動文化が生まれている。そしてそれはやがて主流となっていくだろう。

森川氏は、今後の動画について、これからさらに短くなっていくだろうと予測している。そして、「動画で好かれ続けるのは大変」と言い、「ユーザーは、自分のスマートフォンに大量の動画が届くのを好んでいません。自分に合った動画が手短に欲しいんです」と、彼らの欲求を説明してくれた。これは、動画に限らず、企業がマーケティング戦略を設計する上で留意しておきたい点ではないだろうか。

見たものはすぐに欲しい！ＥＣ展開

ミレニアル世代はせっかちである。スマートフォン等で見たものはすぐに欲しい。C CHANNELの動画を観て、「あ、これ、いい。欲しい」と思ったものを、いちいちメモして、後日、リアル店舗にでかけるかＥＣ（eコマース）サイトで注文するような面倒は嫌いである。となると、C CHANNELの中で注文・決済まで完了できるような仕組みが求められる。

C Channelの今後の展開

森川氏はまた、「意味のある動画」を集めた、動画のインキュベーターとなるメディアになりたいと、今後の展望を語ってくれた。そして、人気のある売れ筋商品については、自社生産に乗りだすこともありうるし、それらの一部はブランド化するかもしれない。さらに、ウェブサイトの枠を越えて、リアル店舗への卸や直営店に乗りだす可能性も否定できない。オムニチャネルが重要になってきた現在、さまざまなチャネルを経由した顧客とのコミュニケーションを密にして、顧客のニーズに応えていくことが愛され続ける秘訣であろう。

テレビ動画から企業のウェブサイト、SNS・チャットアプリへとコミュニケーションの姿は変遷してきた。YouTubeに代表される動画が次の主役に躍りでたが、スマートフォンで横型動画を観るのは面倒である。同社はそこに注目し、縦型動画を配信する仕組みを考案した。しかも、せっかちな現代の女性に合わせ短い時間の動画を提供し、自社のみならずユーザー自身の投稿によって配信し、動画を観たらすぐに注文できるようなECを展開している。さらに、このようなニーズは（少なくとも現段階では）アジアでも共通だと確信し、アジア諸国に展開しているのである。

ミレニアル世代、ポスト・ミレニアル世代と共に動画コミュニケーションの時代を引っ張っていく存在として、今後もC Channelに注目したい。

2 「人のスミカを旅する」から生まれた体験シェアリングサービス「TABICA」(株式会社ガイアックス)

株式会社ガイアックスは1999年3月に設立され、現在、ソーシャルメディア事業、シェアリングエコノミー事業、インキュベーション事業を手掛けている。同社が2015年6月にスタートした体験シェアリングサービスが「TABICA(たびか)」である。TABICAは、体験を提供する人と体験したい人をつなげるCtoCのサービスであり、サービスを通じて人の暮らしを体験することができる。サイトには、体験提供者であるホストが企画した体験プランが掲載されている。ユーザーは、たとえば稲刈り体験や海釣り体験、本屋巡り、ワークショップなどさまざまな体験プランから希望するものを選んで予約をしたり、ホストに開催リクエストを送ったりすることで、その体験に参加することができるという仕組みだ。

このサービスは、2014年の社内ビジネスプランコンテストから生まれた。企画がだされたきっかけは、同社に勤める細川哲星氏の気づきだった。細川氏の実家は京都のお寺で、檀家の集まりや、近くの人たちを集めての流しそうめん、地域のお祭りなど、近所の人たちが集まるイベントを日常的に行っていた。ところが東京に来ると、そういったイベントを身近に体験することがあまりない。さらに、実家の周辺が、住民の平均年齢が65歳以上となる限界集落になり、お祭りや地域のイベントがなくなってきた。細川氏はこれらの実状に注目し、このようなイベントを体験したいと思う人と、残したい・継承したいと思う人の両方がいるのではないかと考え、そこから体験シェアリングサービスを誕生させたのである。

現在TABICAで展開されている体験は、日本人向けのもののウエイトが大きく、体験のカテゴリーとしては、街歩きや、農家や漁師の暮らしに触れる自然体験、ワークショップなどがある（図5－2－1および図5－2－2参照）。展開地域は、関東地方が7割程度を占めている。2017年までは首都圏を中心に拡大してきたが、2018年以降は全国に展開しており、事業を拡大している。ゲスト（体験利用者）は90%が女性である。

TABICAのコンセプトは「みんなの『好き』を体験しよう。」だ。もともとホストとゲ

出所：TABICA ホームページ　https://tabica.jp/　2019 年 9 月確認

図 5-2-1　TABICA サイトトップページ

出所：ガイアックス提供

図 5-2-2　TABICA の流しそうめんイベントの POP

ストの相互価値に着目していたこともあり、ホストになる条件はシンプルである。だれでも体験を企画し、体験紹介ページの掲載・集客をすることができ、簡単かつ安全（保険による保証）に提供することができる。ただし、ホストには2つのルールを順守することを求めている。1つめは、体験内容はホスト自身が情熱を注ぐライフスタイルに基づくものであること。2つめは、人と人との交流を大切にするということだ。こうした規約や運営姿勢から、細川氏の思いをそのまま形にしたサービスであることが感じられる。

この事業は3人で始め、農業体験を中心にスタートしたが、苦しい時期を乗り越え、現在はさまざまな体験を提供している。同社は、1事業で1000億円のサービスをつくることを目指し、サービスをスピンオフさせる方針なので、TABICAもその方針にのっとり、1000億円のサービスにすることを目指している。

SNSを活用することでみんなが得をする

TABICAのメンバーは、担当部長の原田祐二氏（28歳・取材時）をはじめ、若いメンバーで構成されている。自分たちがまさにミレニアル世代の中心世代であり、ミレニアル世代の生き方や考え方には共感できるが、サービスのターゲットを20代〜30代のミレニアル世代に絞るという動きはしていない。彼らの最大のターゲットは、30代前半で2～3歳くらいの子供がいる女性だ。彼女らは最初に立ち上げた農業体験や自然体験に対して反応がよく、現地のホストが企画する農業体験や、流しそうめんをするなどのワークショップに家族で参加することが多い。また、こうした体験が多くなったのは、暮らしを体験するだけでなく、第二のふるさとができる、といったゲストの素敵なコメントも影響しているようだ。

ターゲットへのアプローチについて見ると、SNSマーケティングがその中心であり、欠かせないものとなっている。中でもFacebookによるマーケティングに力を入れている。今の学生はFacebookのアカウントを持っていない人も多いが、30代以上の世代はFacebookの利用率が高くなっているためである。クチコミには特に力を入れており、人から聞いたことがサービスの利用につながるケースが多いので、友達に紹介することで両者が得をする仕掛けや、Facebook広告も展開している。また、他のSNSについては、Instagramのアカウントも持っている。しかし、効果が測りにくいと感じているため、認知の獲得には寄与しているかもしれないが、実際に予約につながるFacebookにより力を入れているとのことである。

体験を軸にしたビジネス展開

そもそもシェアリングエコノミーは、空間、モノ、移動、お金、技術（スキル）など、普段活用していなかった資源を貸し借りすることで、有効活用するサービスとして日本でも定着してきた。北ヨーロッパ最大のシンクタンクTimbroが発表した、国や企業のシェアリングエコノミーの規模を明らかにする世界初の指標「Timbro Sharing Economy Index」（2018年7月発表）によると、シェアリングエコノミーの規模の国別トップ5にはアイスランド、タークス・カイコス諸島、モンテネグロ、マルタ、ニュージーランドがランクイン。日本は91位で、世界の中では遅れていると言える。また、拡大スピードが非常に速い領域でもあり、矢野経済研究所の「シェアリングエコノミー（共有経済）市場に関する調査」（2018年9月12日発表）では、国内シェアリングエコノミーサービス市場（事業者売上高ベース）について、2016年度に539億円だった同市場は、2022年度には2倍以上となる1386億円になるとの予測がされている（図5-2-3参照）。

現在の市場を引っ張っている主なサービスは、不動産（空間×シェア）や「メルカリ」などに代表されるフリマ（モノ×シェア）となっており、「体験」のシェアについては、

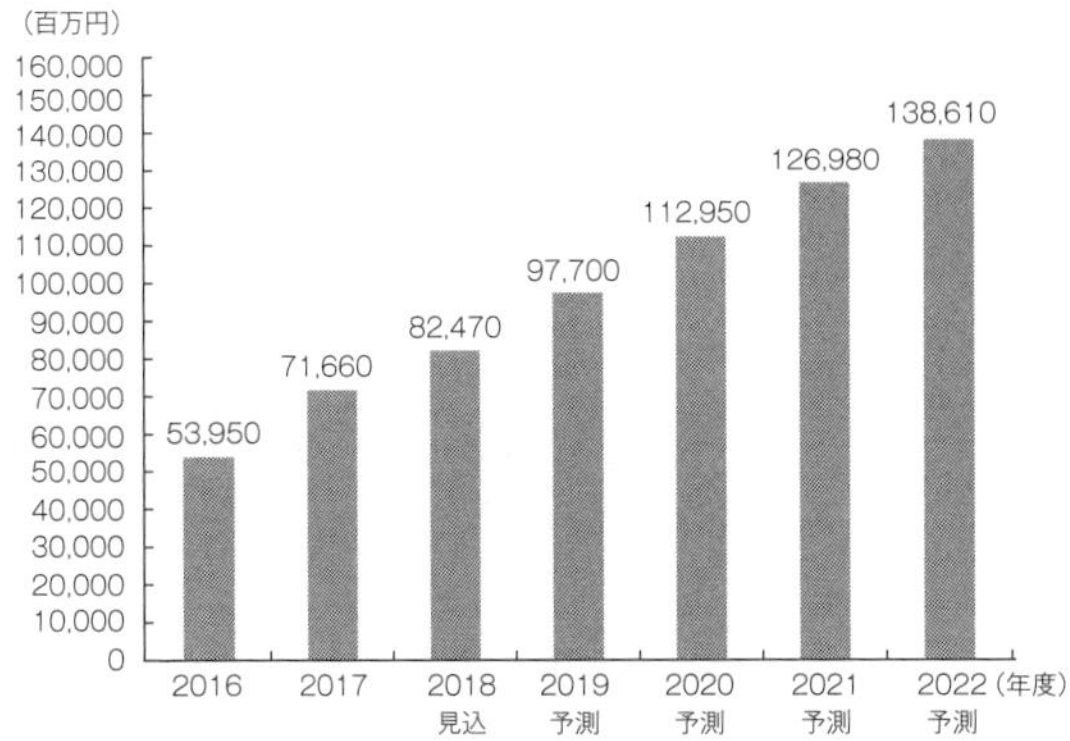

出所：日本経済新聞社
https://www.nikkei.com/article/DGXLRSP490277_S8A910C1000000/　2018年9月確認

図5-2-3　シェアリングエコノミー（共有経済）サービス市場規模推移・予測

動画などで経験を共有するものが多くを占めている。それに対し、自分自身の生活を他の人に提供する体験サービスは、単純な資産の共有ではなく、個々の中にある自分を形づくるものの共有であり、さらには新しい仲間をつくるための出会いの場として、今後注目していくべき領域だと考えられる。

TABICAは、ＡＮＡとの連携が２０１７年11月にニュースで取り上げられた。ＡＮＡが旅行と合わせてシェアリングエコノミー事業を展開することを目指している一方、TABICAは旅行との相性もよく地方創生という面も有しているので、両者の利害が一致して、提携をする運び

出所：筆者撮影

図 5-2-4　左が細川哲星氏、右が原田祐二氏。ガイアックス社にて撮影。

になったという。現在は、長崎県にフォーカスして、提携サービスを展開している。細川氏によると、ANAや長崎県との連携は多くの知見をTABICAにもたらすとともに、さらなるユーザエクスペリエンスの拡大に寄与するので、継続して取り組んでいくとのことである。

楽しさを共有する新しい家族の形がミレニアル世代をも惹きつける

原田、細川両氏（図5-2-4参照）は、自分たちもシェアハウスのユーザーであり、他人と一緒に住むことを楽しむという感覚は、上位世代の人と違うのではないかと語った。驚くことに、細川氏が住んでいるシェアハウスは、コミュニケーションとして「家族会議」を行っているという。既定のルールに従うのではなく、同じ空間、時間を共有する人の間で話し合ってルールをつくっていくことで、ホテルなどと違って、一緒に暮らす家族のような一体感が生まれていくという。一方、原田氏は自宅のほかに、神奈川県三浦市の三崎で週末のみのシェアハウスを借りている。13人で共有しており、購入する物などを考えるのも一緒なので、シェアする人が家族にかなり近い存在になっているそうだ。さらにその13人にはそれぞれ家族がいて、みんなが集まるとちょっとした大人数の集まりになるという。今までの上位世代のように日常生活の＋αを得るために車や別荘を所有するということをやめ、シェアすることで新しいコミュニティを獲得している。

物を所有する考えから「使えればいい」という考えにシフトすることで、お金の使い方や、時間の使い方に自由が生まれる。そして、新しい結束、新しいライフスタイルの構築がなされていく。こうした動きが、ミレニアル世代において今後目に見える形で起こってくるだろう。

世の中のシェアハウスにはこうした時間の共有を楽しむためのモノと、費用を抑えるためのモノがあるのではないかと思う。今後のTABICAのビジネスの求めるものは前者であり、物を共有することで生まれる、時間の共有が最も大切なものである。多くの人にこうした体験の機会を提供することが今後のTABICAの成長には欠かせないと同時に、ミレニアル世代の興味を引くうえで重要なことであると感じる。

3　シェアリングの拡大とシームレスライフ（株式会社東急シェアリング）

株式会社東急シェアリング（旧・株式会社東急ビッグウィークステーション）は、もともと1990年代に欧米でスタートした会員制リゾート事業を手掛けている企業である。1999年の創業当時は、「ビッグウィーク」というブランド名で、1週間単位で別荘を貸しだすサービスを展開していた。しかし広く普及するには至らず、スタートから13年間は赤字が続く、非常に厳しい状況を経験している。その後、経済の変化や時代の背景を踏まえ、サービスモデルを1週間ではなく1日単位のシェアリングにシフトしたことをきっかけに、フレキシブルな対応とマーケットの需要が一致し、黒字転換を遂げた。2017年にはブランド名を「東急バケーションズ」に変更、同時に社名も東急シェアリングに変更し、現在も成長を続けている（図5-3-1参照）。

もともと別荘は長期間保有する資産と考えられていたが、近年では、5年など短期間、そして保有というよりも利用権を持つといった考え方になってきた。リゾートの過ごし方も、ユーザーの価値観の変化に影響を受けている。モノを「所有しない」という価値観が広がる中で、別荘を持つステイタスよりも、実際に過ごす時間の価値の方が重要になってきているのである。同社の事業モデルは、バケーションを過ごすという「コト」をどのようにプロデュースするかに大きく変わってきている。

出所：東急シェアリング提供

図 5-3-1　東急バケーションズの客室イメージ。予め購入したポイントを使い、1泊から長期滞在まで自由に施設をシェアすることができる。

シェアリングの定着とユーザーの広がり

同社は、1999年にタイムシェアリゾート事業に着手した。その後、2011年に金山明煥氏が社長（当時）に就任し、ポイント制の導入などを実施。予めポイントを購入し、そのポイントを使用することによって、全国の施設を一泊単位から利用できる仕組みにし、就任後間もなく黒字転換を達成した。この時期は、宿泊施設を貸したい人と借りたい人をつなぐサービスであるAirbnbが日本に入ってくるなど、シェアリングサービスが台頭しはじめた時期でもある。さらに、他社に先駆けてシェアリングに注目してきた同社は、2013年、「シェアリング」という言葉を商標登録している。このように、市場環境の変化にマッチしたことで、同社は日本におけるタイムシェアリゾートのパイオニア企業として、全国に直営17施設、提携28施設のリゾートネットワークを持つまでに成長した。サービス提供開始時期から顧客の中心はアクティブシニアであったが、次第に、購入者だけでなく、親子間や孫とのコミュニケーションのフィールドとしての活用が広がった。現在は約4000人の正会員に加え、約1万1000人のファミリー会員が同サービスを利用しており、利用するユーザーとしてミレニアル世代が増えてきた。

リゾートに対する意識の変化

さらに、会員制リゾートを選ぶ人の意識も大きく変化しつつある。今でも至れり尽くせりのサービスや華やかさを求める人もいるが、一方で、「リゾート疲れ」という言葉が生まれ、新たに「居心地の良さ」や「疲れない」など視点がでてくるようになった。この新たな視点に対応するため、同社のサービス内容は、たとえば部屋の清掃など、ユーザーが必要とするものを必要なだけ選べる形にシフトしている（図5-3-2および図5-3-

3参照)。これは、ユーザーにとって、どのサービスにいくら支払うのか、料金の内訳が分かり易くなるというメリットもある。企業にとっては一つ一つのサービスが可視化されることになるが、インターネットの活用により他社サービスとの比較が容易にできるようになった今、同社は、ユーザーに対し料金体系をオープンに見せることが、企業姿勢への共感やユーザーの納得感につながり、サスティナブルであると考えている。

出所：図5-3-2、図5-3-3ともに
東急シェアリング（2017年）『疲れないリゾートライフの話』（表紙・23頁）」

上から図5-3-2・5-3-3
東急シェアリングが作成しているコンセプトブック『疲れないリゾートライフの話』。フロントの挿絵に従業員の姿がない点も「ほどよいおもてなし」を表している。

「シームレスライフ」と「ワーケーション」

シェアリングやリゾートに対する価値観の変化に続き、同社が注目しているのは「シームレスライフ」という考え方である。シームレスとは、物事の境目がなくなる、滑らかになることを意味する。米国などでは数年前からビジネス出張とレジャー旅行の境目が薄まり、「ビジネス（Business）」と「レジャー（Leisure）」をつなぎ合わせた、「ブレジャー（Bleisure）」という言葉がでてきているが、これもシームレスライフの1つの形ととらえられる。

東急シェアリングでは、シームレスライフへの具体的な取り組みとして、「ワーケーション」のためのインフラづくりを進めている。ワーケーション（Workation）というのは、「ワーク（Work）」＋「バケーション（Vacation）」からきている言葉である。開放感があるリゾート地で仕事をすることで、イノベーションを向上させ、仕事と休暇を合理的に楽しむという考え方だ。同社ではこのワーケーションを、自宅からオフィスに通勤する従来型の働き方であるオフィスワーク、自宅やカフェで働くことのできるテレワークに続く、新たなスタイルと位置づけている。このスタイルが生まれた背景には、仕事の質そのものの変化がある。

昨今「働き方改革」が取り上げられることが多いが、仕事の質も変化している。今まではオフィスに出社しての「作業」が多くあったが、だんだんと「発想し、創造する」ことのウエイトが高まっている。そのため、オフィスで黙々と作業をするよりも、自然の中で過ごしたり、多くの人と対話する時間を持ったりするなど、インスピレーションを得やすい環境をつくることが求められるようになってきた。中国のアリババの本社は全ての社員が1分以内に自然と触れ合える場所に座席を設置し、米国のAmazon本社には緑を集めたスペースができるなど、オフィス内の改革も進んでいるが、それらは仕事とプライベートを切り分けた仕事空間での取り組みと言える。

それに対して東急シェアリングの取り組みは、自分自身が別の場所に動くことでその環境を手に入れるという考え方に基づく。シンプルだが、デジタルの活用により働く場所を選べるようになりつつある時代背景を踏まえると、実に合理的な考え方である。ライフワークバランスが問われている中で、ライフとワークをしっかりと切り分けられる人がどの程度いるのだろうか。その視点で見た時、仕事と休暇を切り分けるのではなく、それぞれが連続しているシームレスな環境で過ごすことが、より創造的なモノ・コトを生みだす可能性を秘めていると感じる。

出所：東急シェアリング提供

図5-3-4　タイムシェアリゾートの一室。立地に加え、「ほどよい抜け感がある景色」「日常から遠ざからない設備」がポイントになっている。

「ワーケーション」のキーポイント

同社がワーケーションを実現する「場」をつくるうえでキーポイントとしているのは次の3つである。1つめは、「ほどよい抜け感がある景色」。海の直前や砂漠の真ん中などリゾート色が強すぎる景色は避けている。日常生活から離れすぎた場では、かえって仕事に集中できないという声が多いからだ。2つめは、「日常から遠ざからない設備」。仕事と休暇を両立させるため、キッチンや洗濯機などの設備を備えているが、日常感がある自宅の物ではないという点が重要になってくる。3つめは、「すぐに行ける・すぐに戻れる立地」。何かあってもすぐに戻れない場所では、そもそも行くことに躊躇してしまうのが現実である。それを踏まえて、同社では都心から1時間程度の距離にある軽井沢や熱海などに施設をつくっている（図5－3－4参照）。

「休む」を考えることは、「働く」を考えること

東急シェアリングは、「所有しない」、「シェアする」といった生活者の意識、行動の変化を素早くとらえ、また、「疲れないリゾート」とは何かを徹底して追求するなど、生活者の変化を逃さずサービスに反映させることで、事業を成長させてきた。

現在、同社の展開するタイムシェアリゾートでは、「半日は仕事、半日は憩い」というスタイルが以前に比べ増えてきているという。近年、自宅でも職場でもない自分の居場所としてサードプレイスという言葉がでてきているが、今タイムシェアリゾートは、カフェ以上にマルチファンクショナルな「大人のサードプレイス」になっていると言える。一方で、セルフマネジメントが可能な立場でないと、こうした場所を活用することはまだまだ難しいという声があるのも事実である。

では、これからの顧客として見込まれるミレニアル世代はどうだろうか。彼らはデジタル・ネイティブであり、働く場所を限定しないことを良しとする傾向がある。よりクリエイティブな仕事を求め、実行している人も増えている。同社の金山氏は、『『休む』を考えることは、『働く』を考えることなんですよ」と語ったが、新たな「働く」スタイルを実現しようとするミレニアル世代にとって、同社の開発している「ワーケーション」は大変

魅力的に映るに違いない。今後、ミレニアル世代の利用が増えていくことで、ワーケーションがより身近なスタイルとなり、シームレスライフがさらに進んでいくだろう。シェアリングに続き、シームレスライフのパイオニアとして、今後の東急シェリングの事業展開に期待が膨らむ。

4 日本でも世界でも変わらないブランドの在り方（株式会社良品計画）

株式会社良品計画が展開する「無印良品」は、1980年12月、大手小売業「西友」のプライベート・ブランドとして誕生した。西友を含む西武流通グループ（後のセゾングループ）のオーナーであった堤清二氏は、アンチ消費社会、アンチブランド志向を標榜し、「わけあって、安い。」というキャッチコピーで過剰消費や過剰包装、高価なブランド志向へのアンチテーゼを明確にした。「無印」というのは「no brand」の和訳であり、ブランドに頼らなくても良い商品は良い、というメッセージであった。

40アイテムでスタートした無印良品は西友のみならず西武百貨店や阪神百貨店、ファミリーマートなどでも販売されるようになったが、1983年には東京・青山に路面店を出店し、1989年6月には西友の100%子会社として株式会社良品計画が設立されている。セゾングループ解体後は同グループとの関係は薄れている。

アンチブランド、ノーブランドとして誕生した無印良品であったが、その無駄を省いたシンプルな商品や生活提案が多くの生活者に好感を持って受け入れられ、次第にそれ自体がブランド化していった。日本国内では無印良品のブランドを使用していたが、1990年代から始まった海外展開ではMUJIを使用したため、現在では日本国内の商品タグでもMUJI無印良品のロゴを使用している。良品計画（会社名）、無印良品、MUJIと表記は3つあるが、ここでは日本でもっとも普及している無印良品を用いる。

同社の発表によると、2019年2月期の営業収益は4096億円で、営業減益となったものの16期連続増収、当期純利益は過去最高を更新するなど、好調が続いている。地域別の営業収益を見ると、国内事業は2462億円（60・1%）、海外事業全体で1634億円（39・9%）となっており、さらに海外事業をセグメント別で見ると、東アジア事業（29・8%）、欧米事業（6・0%）、西南アジア・オセアニア事業（4・0%）となっている。2017年7月21日、シンガポールに旗艦店を開業したが、それが海外423店舗目となり、国内422店舗を上回った。2019年2月期末時点での海外の店舗数は497店舗で、国内420店舗を77店舗上回っている。

2001年には有楽町店に「Café&Meal MUJI」を初出店し、同店は2013年以降、海外出店を加速化している。2017年にはCafé&Meal MUJIをさらに発展させたカジュアルレストラン「MUJI Diner」を上海にオープンした。2018年1月18日には世界初の「MUJI HOTEL」を中国・深センに開業している。無印良品はこのように、日用雑貨・衣料のブランドであったMUJIをカフェやレストラン、ホテルにブランド拡張している。

同社の海外展開の始まりは、1991年7月のロンドンと同年11月の香港だった。このスタートには「自分たちのつくっているモノは、グローバルで必ず通用する」という思いを確かめたいという意識と、「現地企業がMUJIに興味を持っており、引き合いがあった」という2つの事実が重なったことで実現した。しかしながら、90年代の海外事業は、明確な戦略があったわけではなかった。その結果、スタートしてから10年以上苦しい時期を経験することになる。1998年には香港・シンガポールから全面撤退を余儀なくされた。それでも国内事業の好調で、1990年代は成長を持続することができた。それが2000年、2001年頃になると企業内の緩みやカテゴリーキラーとの競争、海外事業の苦戦もあり、急激に業績が悪化することになる。そしてついに、２００１年度の半期ベースで初の最終利益赤字を計上することになったのである。

そのような厳しい環境の中、急遽社長に就任した松井忠三氏は過去10年間の慢心・奢りを諫め、大企業になって危機感を喪失したことを反省し、短期的な弥縫策を迷走的にだすことを止め、急速な拡大主義を改めた。具体的には人事の在り方を変革し、トップマネジメントと店長とのコミュニケーションを良くし、不良在庫を一掃し、不採算店の閉鎖・縮小を行い、ムジグラムなどのマニュアル化を進めた。２００８年２月に松井社長の後を引き継いだ金井政明社長（現会長）も改革の手を緩めず、増収増益を達成してきた。

松井社長、金井社長は、海外では「１店舗ずつ利益をだしていくこと」を意識して、事業計画を進めた。欧州・アジアへの進出を経て、２００５年７月に上海に１号店をだして中国への進出を始めた。中国ビジネスは、中国での経済成長にも後押しされ、２０１１年頃から急速に加速していった。２０１５年６月に就任した松﨑曉現社長は、長い期間中国事業に携わり、信頼できる部下と広範なネットワークを築き上げてきた。２０１９年２月末現在、２５６店舗になった中国ビジネスは、今後も同社にとって大きな成長エンジンととらえられている。４億５０００万人いると言われる中国のミレニアル世代は、その市場の中心にあると言えるだろう。

２０１６年にはインドにも進出し（現4店舗）、中国とインドだけでも25億人超になる人口、ならびに10億人に迫るミレニアル世代は、健康志向・環境志向が高く、派手なブランドを追いかけず、良いものは良いと評価する審美眼を持ち、シンプルでスマートな生き方を追求している。これは無印良品のコンセプトそのものであり、世界的に普遍な傾向である。

１１８０万人とつくり上げるブランドの本質

無印良品のマーケティングを強烈に支援しているのは、彼らのブランドに共感しているユーザーと言える。その実態は、２０１３年にスタートした「MUJI passport」より見えてくる。

MUJI passportは、無料でダウンロードできるモバイルアプリで、店舗情報や商品の在庫状況を確認したり、国内店舗やネットストアの利用によってMUJIマイルを貯めたりすることができるサービスである（図5－4－1参照）。ダウンロード数は、２０１８年12月末現在、国内１３４０万、海外でも６４０万を超えており、無印良品におけるデジタル戦略の中心になっている。もともとこのサービスは２０００年に始めたＥＣに起因しており、オンラインで情報を提供し、店舗に来店してもらう仕組みとして、徐々に昇華されてきた。現在では自分が利用する店舗ごとにフォロワーとなることを推奨しており、リアルな店舗とのコミュニケーションに大きな力を発揮している。さらに、会員を対象とした大量のアンケート調査により、商品開発や企業の在り方を改善しており、MUJI passportは

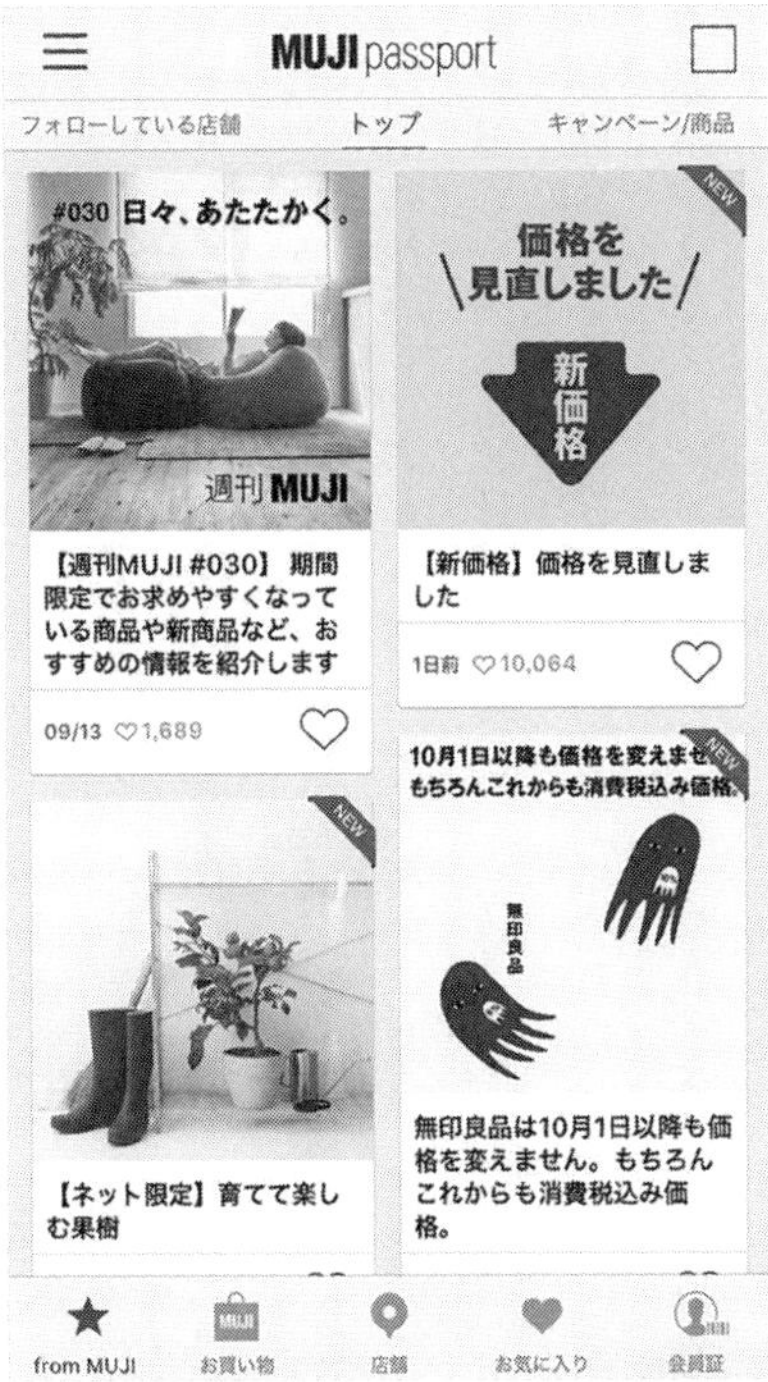

出所：MUJI passport　2019年9月確認

図5-4-1　MUJI passportのトップ画面。商品情報やキャンペーン情報だけでなく、店舗ごとにフォローしたり、コラムを読んだりすることもできる。

いまや無印良品にとって不可欠なものとなっている。

この取り組みは、マーケティングの父と呼ばれるフィリップ・コトラー（Kotler,P）がマーケティング4・0を発表する以前から、顧客との共創型マーケティングを実践してきたものと言える。１１００万人を超える会員とのコミュニケーションは、無印良品ブランドを支える大きな力となっている。インタビューに応じていただいた同社執行役員・宣伝販促室長（兼）ＷＥＢ事業部管掌（当時）の矢島岐氏によれば、出店国でMUJI passportの展開をすすめ、世界中で会員数を増やしたいとのことであった。そうなれば、顧客との共創型マーケティングがよりいっそう深化することになろう。

毎年、３週間以上顧客の声を聞き続ける役員

無印良品は２０００年頃からＷＥＢ上で「ものづくりコミュニティ」を開設し、顧客参加型の商品開発を本格化している。その後２００９年に「くらしの良品研究所」をスタートした。２０１４年には、その中に「IDEA PARK（アイデアパーク）」という商品の見直し・改良に関する意見を収集する仕組みをつくり、顧客の声を聞く体制を強化している。

また、それらとは別の流れで、１９９６年頃から定期的に調査を実施し、顧客の声を聞

き続けてきた。それを直近3年でMUJI passportを活用した会員へのアンケートにシフトをしている。2017年度に実施した最新のアンケートでは、相当量の質問数にもかかわらず7万4000人がアンケートに回答し、そのうち2万人が無印良品について改善や意見を求める質問（自由回答）にコメントを寄せている。こうした回答者やコメントを寄せる人々は、無印良品に対して愛顧度の高い人々であると考えられる。多くの企業は顧客の生の声を聞きたいと思っても、なかなか大量の声を聞くことはできない。それが、自社のアプリだけで2万件もの自由回答を得ることができることは素晴らしい。

さらに素晴らしいのは、その回答を執行役員自らが3週間かけて、すべて読み込み、商品・店舗・接客などの項目に分類し、社員に分かりやすいように整理し、全社で共有していることである。2万件のコメントと愚直なまでに向き合う姿勢こそが、無印良品のブランド価値をつくる原動力となっている。さらに、この調査は海外でも開始されている。海外での調査は、ブランドイメージ調査なども加えて、さらに改善していくことだろう。こうした顧客への調査や顧客の声を愚直に聞く姿勢はとても大切ではあるが、良い商品を生みだすためには、自分が商品の一番のユーザーである必要がある。そして、商品開発者・マーケターが自分の使用感に基づいて仮説を持ち、顧客の声を聞くことでより良い商品が

出所：良品計画提供

図5-4-2　MUJI BOOKS。カバーは無印良品のコンセプトを体現したものになっており、この点は38年前のスタート当時と変わらない。

生まれ、無印良品のファンをつくる流れになるのだろう。

儲かることを1番におかない取り組み

無印良品は２０１５年9月、くらしの役に立つ書籍を編集した「MUJI BOOKS」の売場を立ち上げ、２０１７年4月にはMUJI BOOKSをレーベルとして、人とその人のくらしにまつわるものを紹介する「人と物・文庫本シリーズ」の刊行を開始した。現在までに9タイトルの文庫本を1冊５００円で販売している。この取り組みは、「消費されて埋もれていく過去の優れた作品や言葉を、無印良品らしい価格で今に紹介する」という考えのもと、それに共感する作者と進めている（図５－４－２参照）。

また、２０１８年3月には、大阪で「無印良品 イオンモール堺北花田」をリニューアルオープンした。この店舗は無印良品として初めて生鮮食品を取り扱っている。堺北花田店の周りは、世帯年齢も高い地域で、生鮮食品の購入に苦労する地域である。一方、無印良品は衣（衣類）・生（生活雑貨）・食（食品）を取り扱っているものの、食については弱いという事実があった。そこで、地域のニーズに応えるため、食品の構成比を上げることにパートナー企業と連携して挑戦したのである。

さらに、2018年4月にオープンした「里のMUJI　みんなみの里」（千葉県鴨川市）では、農家をサポートする取り組みを開始した。鴨川市農林業体験交流協会や鴨川観光プラットフォーム株式会社と連携し、農産物直売や地域の物産品販売を行っている。

こうした取り組みは、儲かることを1番とするのではなく、自分たちの理念を軸に、共感してくれる人とより良い仕組みをつくることを優先している。社会貢献に対して感度が高いと言われるミレニアル世代にとっても魅力的な活動であり、無印良品のブランドの価値をさらに高めることになると考えられる。

「媚びない×聞く」のバランスが、ミレニアル世代をも惹きつける

インタビューの中で「無印良品は、衣・生・食を持つブランドであり、どれかに特化することを望んでいない」という話が印象的であった。2000年代にはカテゴリーキラーの登場などで、3つのカテゴリーを持つことの苦労もあった。それでもこの3つのカテゴ

リーを維持することは、自分たちのこだわりを表現するフィールドを限定しないための方策であり、無印良品のブランド姿勢なのである。だからこそ、世界で唯一無二のビジネスモデルとして成長することができる。

無印良品は「ターゲットを定めない」ブランディングを今まで行ってきた。その姿勢は、日本でも海外でも変わることなく、ファンをつくり、ファンに支えられて成長してきた。今でも、ミレニアル世代を特別意識することなく、ビジネスを展開している。しかしながら、無印良品のブランドコンセプト、社会に貢献していく取り組み、顧客との価値共創型マーケティング、シンプルでスマートな生き方は、いずれもミレニアル世代の特徴と符号する。ミレニアル世代にとって、無印良品はとても魅力的なブランドであり、彼らが年齢を重ねても、忠誠度は高まることはあっても下がることはないと思われる。

5 民族や世代を越えて共感を得る「三方善し」の経営(株式会社喜久屋)

株式会社喜久屋（以下、喜久屋）は、1956年に東京都荒川区で創業し（現在、本部は足立区)、2019年で創業63年になるクリーニング会社である。早期からトヨタ生産方式を参考に受注・生産の平準化システムを導入したり、クリーニング品を6ヶ月間無料で保管する「イークローゼット」を開始したりするなど、積極的な技術開発、サービス開発で知られている。また、2015年には、全国のクリーニング店を組織化し、宅配による衣類の回収や配送を軸とする新たな事業モデル「リアクア」を生みだし、第一回日本サービス大賞優秀賞(サービス産業生産性協議会)にも選出された。

偶然から始まったタイでのクリーニング事業

喜久屋は2013年5月にタイで現地法人「キクヤタイランド」を設立し、海外展開を始めることになるが、その経緯は2010年に遡る。

2010年10月、同社は国内で不要衣類の回収を始めた。すると当初の想定を上回り、1ヶ月で2万着もの衣類が集まってしまい、これをどうしようかと思いつつ保管していた。一方、ちょうどその頃、タイの財閥からタイでクリーニング事業をやらないかとオファーを受けていた。それまで海外展開の経験がなく、工場設備を整えるなど一から始めるのはハードルが高いと考えた同社は、オファーを受けずにいた。ところが、その状況から間もなく、１つの転機が訪れた。２０１１年3月の東日本大震災である。それまで保管していた衣類を被災地へ持って行くと大変喜ばれたことから、今集まっている衣類をタイで売り、収益を被災地へ送ろうと考え、タイ・バンコクに最初の店をだすことになったのである。さらに、その店の隣が日本人夫婦の経営するクリーニング店だったという偶然が重なり、最終的には同クリーニング会社の事業譲渡という形で、本業のクリーニング事業を始めることになった。現在タイでの事業は、各設備の更新や人材育成などが功を奏して、業況は順調である。

タイでは新しい「メンテナンス」という考え方

喜久屋におけるタイの顧客を見ると、半分以上が日本人駐在員や、現地で店を開いたりしている日本人であり、年齢層は30〜40代がメインとなっている。それ以外はタイ人となるわけだが、最近はタイ人の中でも富裕層以外の利用が広がってきている。

一方、サービスについて見ると、価格設定はローカルのクリーニング店と同じくらいであるが、サービスの質が高いことが喜久屋の特徴となっている。たとえば、ボタンが取れたら付け直す、クリーニング事故が起これば詫びをしに顧客の元へ足を運ぶというのは、日本では普通であっても、現地の同業者から見れば異常と受け取られる。喜久屋の中畠信一社長曰く、なぜならタイでは、クリーニングというと「洗えばいい」という考え方が主流であり、「メンテナンス」という考えはまだないからだそうである。

また、「衣類の無料保管サービス」は、もともと繁忙期と閑散期では約14倍の差がある自社の作業量を平準化するために国内でスタートしたサービスで、衣類の保管・収納に困っている人に利用されているが、現在はタイでも同じサービスを提供し、多くの顧客に喜ばれている。

今後の海外展開

２０１８年5月現在、タイで25店舗をかまえている同社だが、現地のリネン会社と提携しＢｔｏＢの事業も広げていく予定である。タイ以外に目を向けると、既にミャンマーでの展開も内定しており、現在、バングラディシュからもオファーがきている。タイ進出の経緯に見るように、これまで同社は、戦略的に地域を選んで進出するというよりも、中畠社長の言葉を借りれば「いただいたご縁を大事にする形で」海外進出してきた。一方で、現在検討中のベトナム、そして今後進出予定のマレーシア、シンガポールについては戦略的に展開する予定とのことである。

このように海外展開の中心がアジアとなっているのは、縁があったからということに加え、クリーニング工場で使用する型が、日本人の体型と近いアジア人に合うため、コストを抑えながら展開しやすいという合理的な理由がある。また、これまでのアジアでの経験を活かし、ゆくゆくはアフリカにも展開する可能性を感じているとのことである。

サービス開発の起点

喜久屋の持つ「共に」、そして共生・共創の考えは、今の若い人にも素直に受け入れてもらっていると中畠社長は感じている。この「共に社会に役立つサービスを提供しよう」という立ち位置を取る、つまり、上からではなく、横並びのメッセージを持つことによって、同社は、お客様をお客様ではなく、パートナー、生活者ととらえるようになった。お客様に「売れる」ことよりも、パートナー、生活者にいかに喜ばれるか、役に立つかを考えていると中畠社長は言う。「お客様（生活者）のためになること」、「だれもやっていないこと」、「だれもできないこと」の3つを満たすものは何か、これを考え続けているのである。一例を挙げると、最近始まったサービスに、雨に濡れてもズボンの折り目が取れない「折り目専用はっ水加工」がある。これは、社長自身による雨の日の体験から生まれたサービスだという。ちなみに、このサービスの効果を伝えるため、初めてYouTubeを利用した動画コンテンツを作成している（図5－5－1参照）。大々的な調査は行わないが、生活者のため、社会のためを常に考え続けることが、同社のサービス開発の起点となっている。

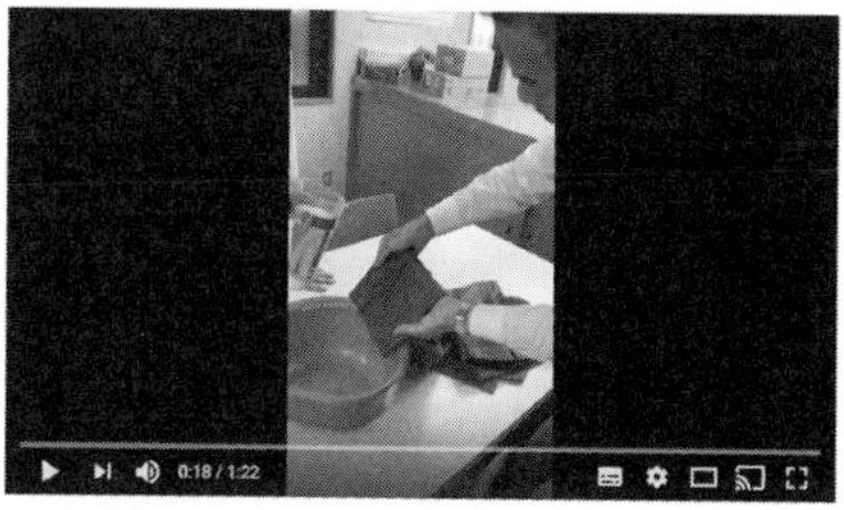

出所：喜久屋 YouTube チャンネル　2018年7月確認

図5-5-1　YouTubeにアップされている動画。「折目専用はっ水加工」の効果について、社長自らが説明している。

国を越えて貫く、企業理念重視と人間尊重の姿勢

実際の仕事において、社長の声が直接届きにくい工場であっても、何かを考えたり悩んだりするときは、「とりあえず理念に立ち返ろう」という声があがるという。従業員の判断のよりどころとして、企業理念が浸透しているのだ。喜久屋の企業理念は、「喜久屋でよかった（三方善しの経営）」である。「三方善し」というのは、元々近江商人の「売り手善し、買い手善し、世間善し」という考えが戦後標語化されたもので

あるが、喜久屋の三方というのは、顧客、従業員、取引先・地域社会を指している。この企業理念を重要視する姿勢は、海外展開においても貫かれている。実際、タイでも毎日日本語でこの企業理念を唱和している。文化の違いなどから、企業理念の理解・浸透や具現化には時間がかかるのではないかと思われるが、中畠社長は「〞三方善し〟つまり、〞みんないい、のがいい〟という考えに反対する人はいないんですよ」と言う。個人主義の発達した欧米に比べ、集団主義の傾向のあるタイではこの考え方は受け入れられやすいものと思われる。

企業理念に加え、同社が大切にしていることとして挙げているのが「人間尊重」の姿勢である。これは、元マサチューセッツ工科大学教授のダニエル・キム氏（Kim,D）が提唱した「組織の成功循環モデル」において出発点となる「関係の質」につながってくると考えられる（図5－5－2参照）。喜久屋では企業理念の理解・浸透も重視しているが、一方で、従業員がアイデアをだしやすい空気、話しやすい空気づくりも行われている。それは企業内部だけではなく、企業の外部、他社との関係においても同様である。一例として、フランチャイズ店オーナーとのコミュニケーションが挙げられる。社長とFCオーナーとは、全員メッセージアプリ「LINE」でつながっている。その日の報告が毎日行われるほか、オーナーからの相談がダイレクトメッセージで寄せられるなど日々のコミュニケーションに活用されている。他にも、動画や新サービスアイデアの投稿があったり、社長自らが自分のアイデアについて意見を求めたりするなど、気軽にやりとりができるよう工夫がされている。タイではまだその取り組みはされていないものの、お互いを尊重しながらオープンマインドで接することを大切にしている。海外展開においては、従業員の定

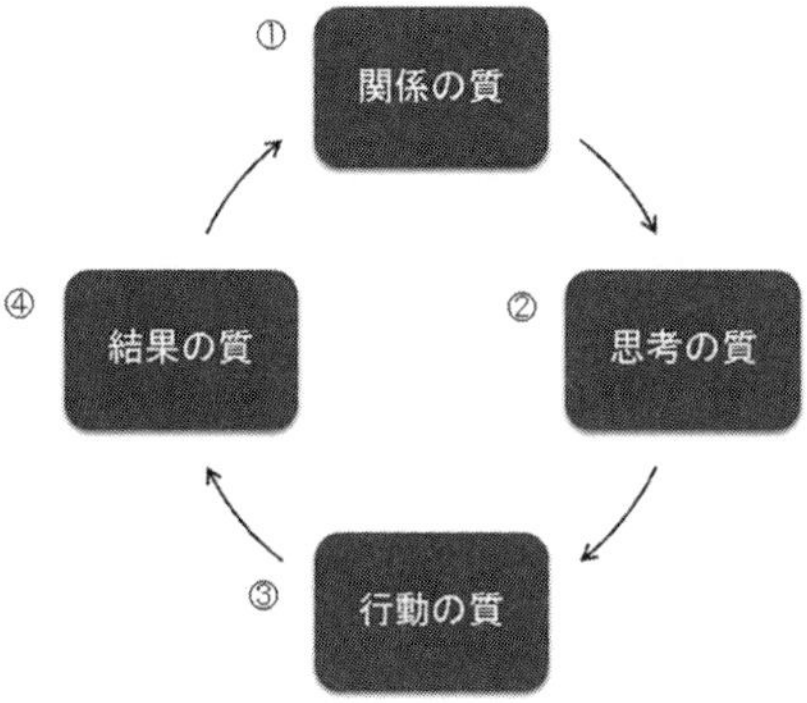

出所：筆者作成

図 5-5-2　組織の成功循環モデル

〈グッドサイクル〉
①相互理解を深め、お互いを尊重し、一緒に考える。
②自分で気づき、面白いと感じ、思考の質が向上する。
③自分で考え自発的に行動するようになり、行動の質が高まる。
④結果の質が高まる。
①成果が得られると互いの信頼関係が高まり、さらに関係の質が向上する。

着率も気になるところだが、キクヤタイランドの離職率は低く、より良い待遇を求めて短期間で転職を繰り返すジョブホッパーは少ない。

キーワードは「共に」。共に歩むパートナーへのメッセージ

本書のテーマとなっているミレニアル世代は、同社にとって、これから各国で増えていく顧客であり、従業員として一緒にサービスを提供していくパートナーでもある。同世代へのアプローチを考えるうえで、中畠社長から挙げられたキーワードは、「共に」だった。「共に」という考え、生活者や社会への貢献意識は、同社が最重要と位置付ける企業理念が礎となっている。「喜久屋でよかった（三方善しの経営）」は、中畠社長がおよそ26年前からずっと言い続けてきた言葉で、社員もこの理念に共感して入社してくる人が多い。現在20代の社員比率が高まり全体の40％ほどになるが、彼らはこの企業理念をよく読んできているということだ。

社会貢献意識が高いとされるミレニアル世代にとって、自分の仕事がどのように社会につながるのか、企業理念がどのように具現化されているのかは、関心の高い部分であり、働く意味につながるだけでなく、そのブランドに対しての共感を育てるに違いない。

最後に、喜久屋のグローバル展開の成功は、「企業理念の浸透とサービスへの反映」、「国内で培ってきた高い技術、高品質のサービス」、「新しい概念によるローカル企業との差別化」、「パフォーマンスを高める出発点としての人間関係づくり」が生みだしている結果と言える。

中畠社長は、近い将来日本にクリーニングアカデミーを創設し、世界中の人々が日本のクリーニング技術を学べるようにし、それを母国で広めていく流れをつくると語っている。これは喜久屋の次世代の構想で、アカデミーは、喜久屋のビジョンに共感し、社会に貢献できる、継続可能なビジネスを世界に広めていく基点となるだろう。「共に」の価値観をベースに持つミレニアル世代であれば、高度なクリーニング技術を吸収するだけでなく、同社の徹底する企業理念にも大いに共感するに違いない。世界各地に喜久屋のパートナーが生まれる日も近いのではないだろうか。

6 海外のミレニアル世代を惹きつける商品＋αの価値（力の源ホールディングス）

力の源ホールディングスは、博多ラーメン専門店「一風堂」を始めとする飲食店の国内外での運営などを行う企業である。同社によると、連結売上高は290億（2020年3月期）で内訳は国内店舗運営事業（55・9％）、海外店舗運営事業（33・4％）、国内商品販売事業（20・7％）となっている。海外店舗運営事業については、連結子会社であるCHIKARANOMOTO GLOBAL HOLDINGS PTE. LTD. が「IPPUDO」ブランドを中心に直営店舗運営や現地パートナー企業へのライセンス供与を行っている。エリアは北米（米国）、欧州（イギリス、フランス）、アジア・オセアニア（オーストラリア、ニュージーランド、シンガポール、中国・香港、台湾、マレーシア、タイ、フィリピン、インドネシア、ミャンマー、ベトナム）と幅広く、日本を含めて世界15ヶ国・地域で展開している。店舗数は、2020年3月現在、国内158店舗、海外130店舗、合計288店舗となっている。

2018年3月期は国内外合わせて224店舗、2019年3月期は266店舗だったのを見ると分かるように、店舗数は順調に伸びており、着々と拡大している様子がうかがえる。また、顧客層は、日本と海外で少々異なっている。日本ではラーメン市場がかなり細分化されているのに対し、海外ではまだそこまで細分化が進んでいない。国内の店舗に比べ、海外店舗の顧客層は20代から30代と若く、いわゆるミレニアル世代の割合が高い。そこで、本項では国内の一風堂ではなく海外のIPPUDOに着目する。

海外進出の道のりと、現地顧客へのチューニング

同社の海外進出は、「日本のラーメン文化を世界に広げたい」という思いのもと始まった。IPPUDOの海外1号店であるニューヨークのイーストヴィレッジの店舗が2008年にオープンしたので、2020年で海外進出12年目を迎えることになる。当初はブランディング力がある都市という理由で、ニューヨークとパリの2つの都市で検討が進んでいたが、最終的にニューヨークに絞られ、開店まで時間はかかったものの2008年にオープンした。実は同社は2008年以前にも海外進出に挑戦していた。中国・上海の企業とジョイントベンチャーを設立し、2004年に上海で1号店をオープン。その後数店舗出店したものの、最終的には現地企業との合弁を解消し、海外からは一度撤退する決断に

至った。当時は一風堂ブランドではなく、他のブランドでの出店であった。

同社は、これまで海外14ヶ国・地域に展開してきた経験や、蓄積した多くの知識をもとに、その国・地域への初上陸から複数店舗展開するまでの期間を、大きく4つのステージに分けている。フェーズ1は「調査マーケティング期」であり、物件調査や法人設立などヒト・モノ・カネを準備する。フェーズ2は「1号店オープン期」で、店舗内設備への投資や人の採用・研修などを行う。フェーズ3は「経営基盤構築期」で、2〜3店舗めの出店に向けて動き出しつつ、プロモーションや人の育成を強化していく。収益貢献が期待されてくるのもこの時期からである。フェーズ4は「複数店展開期」で、収益貢献をしつつ多店舗展開が行われ、現地内でのマネジメント体制も確立される。

初上陸となる国・地域に出店する場合は、フェーズ1にある事前調査を、特に時間をかけて行う。たとえば、オーストラリアは現在シドニー、パース、メルボルンの3都市に出店しているが、最初に出店したシドニーの事前調査に最も時間をかけたという。調査はフォーカスグループで行われ、性別や年代を絞らず広く集めた調査対象者に、試食をしてもらったりメニュー表記を見てもらったりなどしている。オーストラリアや中国、香港に進出した際は、特に時間をかけ、フォーカスグループ調査が3日に及ぶときもあったそうだ。また、状況によっては出店後に追加で調査するケースもある。最適な麺の長さや食材なども各地の状況に合わせて設定するが、出店後も各地で細かい変更を行っている。たとえば、ニューヨークではパスタのようにレンゲの上に麺を乗せ箸で絡めるようにして食べる人が多いため、使っているレンゲは日本のものより大きくしている。さらに米国人は麺をすすることに慣れてないため、麺の長さを短めにするといった対応を行った。このような変更は各地で行われているが、中でもニューヨークは最も変更が多く、1年単位でなく、クォーターでも変更が生じるということである。

IPPUDOに行けば、何かがある

日本では古くから蕎麦やうどんはファストフードであり、ラーメンもその1つとしての側面があった。そのため一人客も多く、顧客の年代は20代から40代と幅広くなっている。一方、海外ではファストフードという側面はあまり感じられず、カップルやファミリーでの利用が多く、年代は20代から30代と比較的若い世代が目立つ。そのような海外の顧客に合わせ、海外店舗ではエンターテイメント性を高める戦略を取っている。

たとえば、店舗については、従来の「ラーメン屋」ではなく、「ラーメンダイニング」

というコンセプトのもと、オープンキッチン方式に加え、お店の入口にウェイティングバー、奥に丸テーブルやボックス席を設け、内装は和モダンにするなど高級で洗練された空間を演出している（図5－6－1参照）。また、インテリアだけでなく、人の声の飛び交うガヤガヤ感や食器の触れ合う音など、ライブ感も重要と考えている。

一部の店舗ではユニフォームのデザインでも話題になった。ニューヨークでは、ニューヨークを拠点とする人気メンズブランドである「ENGINEERED GARMENTS（エンジニアド・ガーメンツ）（図5－6－2参照）」、パリでは海外でも高く評価されている「ミハラヤスヒロ」、国内1号店である大名店では地元福岡のファッション専門学校がデザインを手がけ、注目を浴びた。なお、日本国内でも2017年2月より「ANREALAGE（アンリアレイジ）」によるデザインのユニフォームを取り入れている。

同社の広報担当は、「海外では特に、既存のラーメン店のような日本のラーメンだけを提供するスタイルだと訴求力に欠けるのではと考え、店舗デザインや提供するメニューなどを工夫しています。来てくれた方がワクワクするような、『IPPUDOに行けば何かがある』と思ってもらえるような空間にすることを意識しています」と語った。もちろん、お店の提供するコアな商品はラーメンという食べ物であるが、それと同時に、お店に行かな

出所：図 5-6-1、図 5-6-2 ともに力の源ホールディングス提供

図 5-6-1　上・IPPUDO ニューヨークの店内。「ラーメン屋」ではなく、「ラーメンダイニング」にふさわしい、洗練された空間を演出している。
図 5-6-2　下・話題となったニューヨーク店のユニフォーム。人気メンズブランド ENGINEERED GARMENTS が手がけた。

ければ経験できない顧客経験価値を提供しているのである。この点は、モノよりコトを重視し、体験型消費を好むと言われるミレニアル世代にとりわけ響いているポイントと言える。

未来の顧客獲得へ向けた取り組み

翻って国内の一風堂を見ると、人の流れや街の流れが変わってしまっているエリアの店もあり、今後を見据え国内店舗をどのように編成していくかが、課題の1つととらえられている。

未来の顧客獲得への取り組みとして、10代から20代前半の若い世代へのアプローチが必要とされている。長期的なアプローチとして、同社では「チャイルドキッチン」という粉食体験型施設の運営に取り組んでおり、2020年1月までに国内外合わせて7万人以上が参加した。また、小学校を対象とした出前型体験授業のワークショップも行っている。こちらは、同年同月までに累計660校で開催され、累計約5万人の小学生が参加している。ほかにも、「ラーメンをつくろう」というアプリゲームもだしており、その中に親へ向けたメッセージも入れるなど、親世代、子世代へのアプローチにも取り組んでいる。また、2019年4月には「ニコニコ超会議」にも初出店し、若年層との接点を増やす取り組みを強化している。

ラーメン文化の輸出と、海外現地施策の逆輸入

力の源ホールディングスは、日本のラーメン文化の啓蒙活動や、業界活性化につながる取り組みも行っている。ラーメンをずずっと「すする」文化を伝えるプロジェクトもその1つである。同社では「zuzutto」という言葉を用い、特設サイトや動画、イラストなどを用い、それらを日本語だけでなく、英語とフランス語にも対応させ、世界に広める活動を行っている（図5－6－3および図5－6－4参照）。この「zuzutto」という言葉は同社が商標登録をしているが、他社から希望があれば是非使ってほしいというスタンスである。

また同社では、出店する15ヶ国・地域それぞれの「一風堂」の運営に携わるスタッフを各国から数名ずつ日本に集める「グローバルリーダーシップカンファレンス」という研修を行い、本場日本のラーメンの味、文化、おもてなしを海外のスタッフも日本現地で学べる機会をつくっている。

出所：力の源ホールディングス提供

図 5-6-3 「zuzutto」プロジェクトの動画キャプチャ。ラーメンをすすって食べるという日本の文化を広める活動の 1 つ。

出所：力の源ホールディングス提供

図 5-6-4 IPPUDO OUTSIDE のサイト TOP 画面。ラーメンや一風堂にまつわるヒト・モノ・コトを掘り下げた WEB マガジン。

このように、国内外で成長を続けるラーメン界のトップランナーとして数々の新しい挑戦を行っている同社であるが、特に国内のミレニアル世代に対して、どのような価値をどのように伝えていくのかという点については、重要度の高いテーマとしてとらえられている。広報担当は、海外で現地化され評価を得ている施策を逆輸入することも選択肢の1つになるだろうと語った。海外の顧客の中にはミレニアル世代が多く、世代ならではの共通した嗜好性も見られることから、彼らがお店に足を運ぶ理由が、国内ミレニアル世代へ向けたアプローチの大きなヒントとなるのではないだろうか。

7 中国人ミレニアル・ママへのアプローチ（一般社団法人美ママ協会／株式会社LIANBABY）

一般社団法人美ママ協会（以下、美ママ協会）は、李佳霖（Lee Karin）氏が2012年3月に立ち上げた、在日中国人ママのリアルコミュニティである。李氏は1999年に来日し、2007年に大学院博士前期課程を修了。その後、不動産の法人営業や金融系広告業の企画営業などを通じて順調にキャリアを築いてきたが、出産後復職すると、仕事と育児の両立に悩む状況が続いた。育児に関する心得や悩みを中国版Twitterである「Weibo（微博・ウェイボー）」に投稿していたところ、共感する中国人ママたちからのコメントが多数集まった。その中の、「実際に会って交流できる場が欲しい」という声を受け、李氏が日本で交流会を開催したのがきっかけとなり、美ママ協会の設立に至った。この交流会は月に1回のペースで開催され、中国人ママ同士の情報交換や悩み相談のほか、日本の育児用品メーカーを招き、離乳食や紙おむつなど育児関連の商品知識を得るための勉強会も行われている。開催数は２０１２年４月から２０１８年６月までに、１１０回を数える。また、中国最大のＳＮＳである「WeChat（微信）」のフォロワー数は、２０１８年６月時点で美ママ協会のアカウントが３万人、李氏自身のアカウントが69万人にのぼる。

株式会社LIANBABY（以下、LIANBABY）は、同じく李氏が２０１２年４月に立ち上げた会社である。２０１８年１月現在、20名の社員と12名のＳＯＨＯスタッフで、美ママ協会の運営のほか、日本製品を中心に中国人女性（ママ）向けの商品プロモーション事業を展開している。

中国のミレニアル世代「80后（バーリンホウ）」

李氏が美ママ協会を立ち上げた背景には、2つの状況があった。1つめは、日本に住む中国人ママの情報不足問題、2つめは、中国における子育てをめぐる母親と祖母との対立問題である。前者は言葉の問題や生活習慣の違いからくる問題であるが、後者は世代間の子育てに関する考え方の違いに起因する問題である。ここでは後者の問題、すなわち中国のミレニアル・ママの世代である「80后（バーリンホウ）」とその母との間の世代間の差異に着目する。

中国では、社会の安定化に伴って生じた人口増加問題への対策として、1979年から2015年まで、政府による厳格な人口統制策が行われた。いわゆる「一人っ子政策」である。この一人っ子政策実施直後の1980年代に生まれた人々を指す言葉が「80后」である。

一人っ子の80后は両親や両祖父母の愛情を一身に受けて育ったため（「シックスポケット」とも呼ばれる）、たとえば、「自己主張が強い」、「自信にあふれている」、「負けず嫌いで協調性がない」、「最も利己的な世代」など、ネガティブな評価をされがちであった。一方で、彼らは現代的な高等教育を受けている最初の世代でもあり、高学歴で海外留学経験者が多い点も特徴となっている。また彼らは、大学入学前からインターネットに接しており、その前の世代に比べてITリテラシーが高い点も特徴的である。80后に当たる人は約2億人いると言われ、中国の消費社会における影響力はますます大きくなっている。彼らのほとんどが30代となっている今では、社会の中の成熟した一世代として肯定的に語られることも増えてきている。インターネットの普及により様々な知識をいち早く得られる彼らは、他の世代よりもより豊かな生活、高水準の生活を求めており、それが子育て事情にも反映されている。

80后の子育て事情

一般的に、中国は両親共働きが前提となっている。女性は産後のケアのために1～3ヶ月は仕事を休むことになっているが、多くは産後3ヶ月以内に職場に復帰する。これは80后の母親に当たる世代から続いており、子供は祖母に育てられるのが一般的であった。この流れが続けば、80后の女性は、自身の母親に育児やそのアドバイスを求めることが多くなるのだが、実際は異なっている。彼女たちが親に子育てのアドバイスを求めることは極めて少ない。それよりも、自分で勉強し、専門家が発信している科学的根拠のある情報や、同世代の仲間が自身の体験をもとに発信しているようなクチコミなど、納得のいく情報を集めたいという思いが強いのである。たとえば、子供の靴下について言えば、母親世代は必ず靴下を履かせていたが、今は裸足で足の裏から刺激を得るのが良いとされているとか、発熱したときの対処法など、母親世代の知識は今のものとは違うと考え、専門家などによる最新の情報を信用している。実際に、この傾向は数値にも表れている。

株式会社リクルートライフスタイルの調査・研究機関である「赤すぐ総研」が2016年1月に発表した「中国人ママの育児に関する意識調査」によると、中国人ママは子育てについて全般的に意欲的であると述べている。日本人ママと比較し、特に差が大きい項目は、「できるだけ完璧に子育てをしたい(90・1%)」が58ポイント差でトップとなり、「育児雑誌や育児サイト・専門書を子育ての参考にすることが多い(87・1%)」が48ポイント差、「専門家の意見を子育ての参考にしている(80・0%)」が47ポイント差と続いている。このような中国のミレニアル・ママたちの「知りたい」という強い気持ちに寄り添って様々な情報を提供してきたのがLIANBABYである。

日本と中国のミレニアル・ママをつなぐLIANBABY

LIANBABYは「中国の女性に選択肢を増やしたい」という思いから、美ママ協会の運営をはじめ、さまざまな事業を行ってきた。創業時に始めたフリーペーパーの発行もその1つである。LIANBABYは2015年8月、活動をより多くの人に知ってもらおうと、冊子型のフリーペーパー『美丽mama』を作成した（図5-7-1参照）。日本と中国それぞれのママの生活スタイルの紹介や、保育園の先生など専門家の話を載せるなど、日本と中国のママ向けの内容になっている。上海と北京で2万部が無料で発行され、日中文化センターや中国の早期教育センターにも設置された。『美丽mama』は日本国内で唯一の

出所：上はLIANBABY（2015年）『美丽mama（創刊号）』（表紙）下はLIANBABY（2016年）『美丽mama（2016年12月号）』（表紙）

図5-7-1　フリーペーパー『美丽mama』の表紙。2015年の創刊当時、在日中国人ママ向けの中国語の雑誌はなかった。

出所：LIANBABY 運営 meiligo ホームページ
https://meiligo.jp/　2019年9月確認

図5-7-2　LIANBABYが運営するWEBメディア「meiligo」のTOP画面。日本の様々なジャンルの情報を国内外の中国人ママを中心に発信している。

中国人ママ向けの専門誌として隔月で発行されていたが、現在はWEBメディアの「meiligo」（美しいママで行きましょう！の意）に引き継がれている（図5－7－2参照）。必ず入れているコンテンツは、離乳食や災害時の対応方法で、ほかにも医療情報や、子連れででかけられるスポットの紹介などもされている。

LIANBABYは、自社メディアによる情報発信のほか、2016年9月には、日本にいる中国人ママの集まるリアルイベントも開催した。ベビー用品や化粧品、アプりなどを扱う日本企業10社を招待し、来場者に対して商品紹介やサンプリング、アンケートが実施できるイベントで、当日は８００人もの中国人ママが参加したという。来場者からの反応も良く、２０１８年9月には2回目が開催された。李氏は、「中国のママは、企業や商品開発者の話を聞きたいんです。開発者の想いが聞けるという点で、企業からの直接の情報とお店の店員さんの話はやはり違います」と、来場者の気持ちを代弁していた。

このように、LIANBABYでは日本にいる中国人ママをメインターゲットとしていたが、２０１５年頃からは、日本にいる中国人留学生など、ママだけでなく「中国人女性」にターゲットを広げている。現在日本に住んでいる中国人は約70万人、そのうち6割が女性と言われている。LIANBABYは現在、その約42万人の女性たちに認知されることを１つの目標としている。

「ブランドを正しく伝えたい」日本企業の想い

LIANBABYが成長を続けているという事実は、日本企業の中国人女性（ミレニアル・ママ層）へのアプローチ需要が高まっていることを示している。同社の日本企業との取り組みについては、現在プロモーション事業が中心となっており、今後在日中国人向けのサンプリングサービスもスタートするそうだが、そのような中、「ブログやSNS、動画サイトなどで大きな影響力を持つインフルエンサーを増やすよりも、自社商品の真のファンを増やしたい」という企業が増えてきているという。たとえフォロワーの数が少なくても、一般人のファンによる心からの発信の方が、インフルエンサーによる発信より効果があると考えられているのである。これは、企業からの発信よりも一般人の声を信頼するというミレニアル世代の特徴に合った考え方である。

また、李氏によると、中国本土で売れるからという理由で特定の商品ばかりが一人歩きしてしまい、他の商品の良さがなかなか伝わらないことに危機感を覚える企業もでてきていると言う。ブランド認知の段階ではなく、自社のブランドを正しく伝える、という段階へ移行してきている様子がうかがえる。自社ブランドや商品の背景にあるストーリーに興味を持つミレニアル世代の特徴を考えれば、この移行は必然と言える。

中国ミレニアル・ママに生まれる「専業主婦」という職業

同社は今後強化していく取り組みとして、ライブコンテンツや、中国最大のSNSであるWeChatの「小程序」というミニプログラムを利用したECサービスを挙げた。後者については、「Meilimama-美丽赏」という名前で、2018年12月にリリースされている。また、美ママ協会に続き、2018年7月にはTOKYO美パパ協会を立ち上げたほか、同年10月にはプレママにフォーカスしたWeChatグループをスタートするなど、着々とネットワークを広げている。

一人っ子政策の終了を受け、今後中国の家族の形は変化していくと予想される。広州社会情勢民意研究センター（广州社情民意研究中心）が2016年6月に発表した調査によると、子供の数について、男性の66%、女性の73%が、2人が最適と回答している。また、女性が出産後に専業主婦になることについて、41%の男性が支持すると回答している。そうなると、一人っ子が当たり前で両親共働きが前提の時代にはほとんどなかった「専業主婦」という職業が増えてくる。すると、たとえば子供が2人いる場合のお風呂の入れ方や、下の子供の世話をしているときの上の子供との関わり方など、複数の子供を持つ親ならではの悩みが生じてくる。その点で、日本の子育て情報や知恵がさらに役立つケースが増えてくると思われる。また、複数の子供を持つ可能性がでてくることによって、2人目を想定してお下がりや共有を前提に商品を選択したり、商品を使用する時期が過ぎても保管しておいたりするなど、購買行動や使用行動が変わるかもしれない。さら

に、育児用品に限らず、専業主婦となった女性が家で家事をする時間が増えることによ
り、これまで彼女たちの母や家政婦が行っていた家事の担い手が変わり、必要とする商品
や求める機能も変わる可能性もでてくる。大きな変化を迎える中国ミレニアル・ママと、
日本企業をつなぐ存在として、LIANBABY の役割はさらに大きくなるだろう。

（浜 悠子・高橋 康平）

おわりに

本書は、横糸と縦糸で編まれた一幅の布である。横糸は「ミレニアル世代は世界中で共通の特徴を持つのではないか」という思いである。序章で述べたように、ミレニアル世代の研究は２０１０年代半ば以降にようやく活発になるが、多くはその前の世代、すなわちX世代との違いを強調している。それは米国での研究であったり日本の研究であったりするのだが、各国の研究を並べてみるとミレニアル世代に共通性があることが分かる。やがて、そのことを前提にした世界的調査も行われるようになるが、その結果からもミレニアル世代は先進国であれ新興国であれ、あるいは途上国であれ、ある種の共通性を持つことが明らかとなっている。

市場に共通性があればマーケティング戦略も共通なものを適用できる。これは１９８３年にセオドール・レビットが「諸市場のグローバル化」で強調したことであるが、残念ながらレビットの主張は「早すぎる予測」であった。当時はインターネットもなく、フェイスブックもツイッターもインスタグラムもなかった。世界中の人々が、同時に同じ現象を共有することができるようになるには、レビットの予言から少なくとも12年は必要であった（Windows95の登場は1995年）。いや、人々がダイレクトにつながるのはフェイスブック（2004年）、ユーチューブ（2005年）、ツイッター（2006年）、ワッツアップ（2009年）、インスタグラム（2010年）などができてからであろう。この時期はオールドミレニアル世代が20代を過ごした時期でもある。これらのSNSやチャットアプリを通して、世界の市場は同質化に向けて収斂化していく。当然、この巨大マーケットを対象とした製品やサービスも誕生する。スマホやアクション・カメラ、配車サービス、民泊予約サイトなどである。伝統的企業も、世界のミレニアル世代を抜きに製品・サービスの開発はできない。

しかしながら、市場の収斂化は市場の同質化を意味しない。レビットの時代も現代も、それぞれの市場には固有の特徴が残る。この市場の個性が布地の縦糸をなす。とりわけ本書では、米国市場の個性を強調している。米国は技術イノベーションの先進国でもあるが、マーケティング・イノベーションの先進国でもある。米国におけるミレニアル世代の特徴と、それに呼応した新しいビジネスの誕生と発展は、マーケティング・イノベーションで閉塞感のある日本にも大いに参考となろう。

各国ミレニアル世代の共通性と特異性については、本書第2章で日本・米国・中国・タイの定量調査結果を示した。ここでは、その結果を繰り返さないが、米国のミレニアル世代は日本のミレニアル世代と比べ、ダイバーシティに対する理解度や環境意識、健康意識、社会問題意識、コト消費志向などがよりはっきりしている。そのため、それに対応したビジネスも勃興しやすい。むしろ、ビジネスを通して消費者のそのような姿勢を啓蒙しようという意欲に溢れた起業家が多い。米国のミレニアル世代を対象にしたビジネスは、金儲けそのものよりも社会課題の解決を優先しているわけである。ジェンダーフリーショップや代替肉、サブスクリプションの興隆はそのことを示している。

米国におけるこのような動きは、すべてではないにせよ、遅かれ早かれ日本にも入ってくる。すでに、代替肉については日本ハムや伊藤ハム米久ホールディングス、ニチレイ、日清食品ホールディングス、大塚ホールディングスなどの大手が開発・生産・販売を始めている。サブスクリプションにしても、音楽、映画、ゲームなどのコンテンツに限らず、バッグやファッション、家電、自動車などの数多くのBtoC分野、さらには事務機器や建設機械、医療機器などのBtoB分野にまで及んでいる。すべてが必ずしもビジネスとして成功しているわけではないが、このような流れは止まらないものと思われる。

「ミレニアル世代の共通性と特異性」、まさにこれが本書の横糸と縦糸であり、これを編み込むことによって一枚の布を織り上げた。しかしながら、それは未だ布に過ぎず、服にはなっていない。服にするためには、さらに裁断や縫製、装飾品の装着などの作業が必要である。それは中国や東南アジア、欧州などのミレニアル世代の研究であったり、ミレニアル世代を対象にしたさまざまなビジネスの詳細な分析であったり、それらを支える制度的枠組みや支援組織の研究であったり、とやるべきことが多い。

われわれは、それを巻末で紹介している「グローバルミレニアル・ラボ」(https://globalmillennial-lab.com/)を通して研究しようとしている。2018年度のトライアル的試みに手応えを覚え、2019年度からいくつかの企業の参画を得て本格的に始動した。毎年度テーマを設定し、定量調査と定性調査ならびに参加者(1企業から数名)の議論を通して、見事な服を仕立てたいと念願している。

本書の企画は2018年度から始まったものの、編者の怠慢で出版が予定より半年ほど遅れてしまった。この間、インタビューに答えていただいた方々には何度も原稿をチェックしていただくなど、多大のご迷惑をおかけしてしまった。厚く御礼申し上げるとともに、深くお詫びする次第である。数名の方々については本文の中で名前を挙げさせていただいたが、名前を挙げることができなかった協力者の方々も数多くいる。多くの方々の善意がなければ本書は完成しなかった。ただただ感謝するばかりである。

最後に、延び延びになった企画を辛抱強く待っていただき、かつ構成から文章校正、装丁に至るまでさまざまな支援をいただいた白桃書房に心より御礼を申し上げる。とりわけ、大矢栄一郎社長には、いつものことながら、無理難題を申し上げた。編集部の佐藤円氏には絶え間ないメールのやりとりや、印刷会社との交渉、原稿の校正などでお世話になった。これに懲りず、第2弾、第3弾と刊行にご協力をお願いする次第である。

二〇二〇年八月二〇日

大石 芳裕（明治大学）

「グローバルミレニアル・ラボ」のご紹介

「Global Millennial lab（グローバルミレニアル・ラボ）」では、今世界で注目されているミレニアル世代における、個の価値観を明らかにし、市場変化の可能性を研究しております。日本だけでなく、海外各地の同世代の変化を定点的に調査・研究するほか、米国をはじめ、世界で開かれるマーケティングカンファレンスの視察およびレポート報告を行い、海外市場の変化についても随時情報を共有する目的で立ち上がった機関です。

今後、企業が国内外のミレニアル世代の生活者とコミュニケーションできる環境を整備し、世界で起きる変化をいち早く発見し、海外展開に取り組む企業、個人と共に、グローバル・マーケティングの活性化を目指します。

【基幹研究テーマ】

①（2018年度）仕事ストレスと食事

米国では他の世代に比べ、ミレニアル世代のストレスレベルが高いと言われているが、彼らのストレス要因はどのようなものか、また最近高まっているヘルシースナックの需要と関連はあるのか。日本と米国のミレニアル世代を対象に行った、定量調査と1週間の食事内容の写真記録を基に、日米の共通点や相違点を見ていった。

②（2018年度）中国ミレニアル世代の健康意識

健康意識が高いと言われるミレニアル世代だが、一体どのようなヘルスケアを行っているのか。中国のミレニアル世代を対象に、日常生活の中で実際に摂取しているモノや、行っているコトの中で自身の健康にプラスになっていると思うものについて写真を収集し、彼らのヘルスケアや健康意識の特徴や地域ごとの違いを明らかにした。

③（2019年度）日本ミレニアル世代の健康意識

上位世代に比べ、健康問題が顕在化しにくいミレニアル世代。直接「健康」を問うのではなく、食・運動・美容といった切り口から、彼らのこだわりを写真と共に収集し、健康意識・行動についていくつかのペルソナを作成する。その後、日本に加え、米国、中国の計3ヶ国のミレニアル世代を対象に定量調査を行い、そのペルソナに対する共感度を調査する。彼らの健康意識やその共通性、相違点などを明らかにするとともに、日本のミレニアル世代の健康意識の特徴を明らかにする。

【グローバルミレニアル・ラボに関するお問合せ】
株式会社ドゥ・ハウス　グローバルミレニアル・ラボ事務局（高橋・浜）
Mail to → contact@globalmillennial-lab.com
URL → https://globalmillennial-lab.com/

株式会社ドゥ・ハウス（http://www.dohouse.co.jp）

１９８０年創業。「Human Networking Industry の創造に貢献する」という理念のもと、５つの生活者ネットワークを活用し、企業の商品開発や商品育成支援を目的としたマーケティングサービスを提供しています。リサーチ事業では、定性調査と店頭調査に強みを持ち、マーケターの仮説づくりや検証のためのリアルな事実データを収集・提供しています。プロモーション事業では、ネット上でのサンプリングサービス「モラタメ(https://www.moratame.net/)」や、店頭購買型サンプリングサービス「テンタメ

(https://www.tentame.net/)」を運営し、トライアルユーザー獲得支援のほか、クチコミによるファン育成支援を行っています。また、企業の海外展開に対しては、アジア、北米を中心に、市場調査や各種プロモーション施策の企画・実施などを通じ、マーケティング活動を支援しています。

▨ 監修・執筆者

大石　芳裕（おおいし　よしひろ）

明治大学経営学部教授：監修、まえがき、はじめに、序章、おわりに　執筆担当
専門：グローバル・マーケティング
主著：『実践的グローバル・マーケティング』ミネルヴァ書房、2017年（単著）、『グローバル・マーケティング零』白桃書房、2017年（編著）、『マーケティング零』白桃書房、2015年（編著）、『グローバル・マーケティングの新展開』白桃書房、2013年（共編著）、『日本企業のグローバル・マーケティング』白桃書房、2009年（編著）など著書・論文多数。

▨ 執筆者

藤原　栄子（ふじわら　えいこ）

Knowledge Index Corporation：第1章、第3章、第4章　担当
略歴：出版社勤務後に渡米。20 年以上にわたり、食品、化粧品メーカーやスーパーマーケットなどの流通業界を中心に、日本企業の米国進出、事業拡大にかかわるコンサルティング、プロジェクトリーダーとして企画・開発・マネージメントに従事。得意分野は顧客接点を活かしたマーケティング・コミュニケーション戦略&体験共有型マーケティングや、ショッパーマーケティングで、米国企業との幅広いネットワークも強みとしている。『販促会議』では米国マーケティングをテーマに連載担当（2014～2015年）、市場や業界の現状と将来の動向などに関する執筆、講演活動も積極的に行う。ニューヨーク在住。

高橋　康平（たかはし　こうへい）

株式会社ドゥ・ハウス：第2章、第5章　担当
略歴：幅広い商材について、売場調査やオンライン、オフライン調査の経験を持ち、多くのクライアントより評価をいただく。ポジティブポイントから、顧客にとっての最善なメソッド構築に貢献することで、新たな視点を顧客に提供している。また、社内の新規事業企画、システム構築・運営、新規拠点の立ち上げ、情報誌の編集長、飲食店事業立ち上げ、海外案件まで広く対応。

浜　　悠子（はま　ゆうこ）

株式会社ドゥ・ハウス：第5章　担当
略歴：ドゥ・ハウス入社後、自社モニター組織の管理・運営、研修等を担当。その後人事部にて労務・採用・研修業務、制度企画等を行いながら、ドゥ・ハウスの強みである定性調査領域において、定性情報処理技術の整備とサービスリニューアルを担当。定性情報を活用したアイデア発想セミナーやワークショップを社内外で多数開催し講師を担当。近年は海外留学生向けの学習プログラムも手掛ける。

ミレニアル世代事業戦略
──なぜ、これまでのマーケティングはうまくいかなかったのか？

発行日 ── 2020年9月16日　初版発行　〈検印省略〉

監修・著者 ── 大石芳裕

編　者 ── 株式会社ドゥ・ハウス

著　者 ── 藤原栄子・高橋康平・浜　悠子

発行者 ── 大矢栄一郎

発行所 ── 株式会社　白桃書房
〒101-0021　東京都千代田区外神田5-1-15
☎03-3836-4781　℻03-3836-9370　振替00100-4-20192
http://www.hakutou.co.jp/

印刷・製本 ── 藤原印刷

ISBN 978-4-561-62236-9　C0063